ESPALDAS MOJADAS

HISTORIAS DE MAQUILAS, COYOTES Y ADUANAS

ALFREDO MOLANO

ESPALDAS
MOJADAS

HISTORIAS DE MAQUILAS, COYOTES Y ADUANAS

EL ÁNCORA EDITORES / PANAMERICANA EDITORIAL

Primera edición
EL ÁNCORA EDITORES
PANAMERICANA EDITORIAL
BOGOTÁ, 2005
ISBN 958-30-1736-1

Diseño interior y de carátula
PAOLO ANGULO BRANDESTINI

Mapa
MARCO ROBAYO

Fotografía de carátula
MARÍA CONSTANZA RAMÍREZ

Preprensa digital
ELOGRAF LTDA.

Impreso en los talleres de
PANAMERICANA FORMAS E IMPRESOS S. A.,
Quien sólo actúa como impresor
CALLE 65 NO. 95-28, BOGOTÁ, COLOMBIA

Impreso en Colombia
Printed in Colombia

CONTENIDO

1

VIAJE A LA FRONTERA

Welcome to Tijuana, tequila, sexo y marihuana.
Welcome to Tijuana, con el coyote no hay aduana.

Bienvenida a Tijuana, bienvenida mi suerte.
Bienvenida la muerte por la Panamericana.

LA MÚSICA DE MANU CHAU hacía eco en la memoria. Nos abría la puerta que cierra el sur del norte este francés, hijo de españoles migrantes de la dictadura franquista, que canta a voz en cuello la historia de la tristeza latinoamericana aprendida en sus viajes por las regiones invisibles, y de quien se dice es un aparecido en un continente de desaparecidos. Su "Bienvenida a Tijuana", invadía el silencio del sueño del que nos despertamos después de treinta horas a través del desierto.

El autobús que nos llevaba desde la Central Camionera de Tijuana hacia el centro, atravesaba lentamente los suburbios de una ciudad gris, desordenada, caótica, sucia, recogiendo pasajeros en los paraderos. En las colinas se descolgaban barrios de casas apeñuscadas unas encima de otras, apuntaladas sobre las llantas desechadas de miles de automóviles. Durante el recorrido de cerca de una hora se subieron y bajaron personajes que parecían sacados de una película de González Iñárritu, el director mexicano de *Amores Perros*: gringos gordos, grandísimos, blancos y blanditos que casi no cabían por la puerta, mujeres jóvenes riéndose en gallada que parecían estar terminando su turno en las maquilas, oficinistas, vendedores ambulantes de tres artículos por un peso, muchachos desgarbados mascando chicle con los audífonos conec-

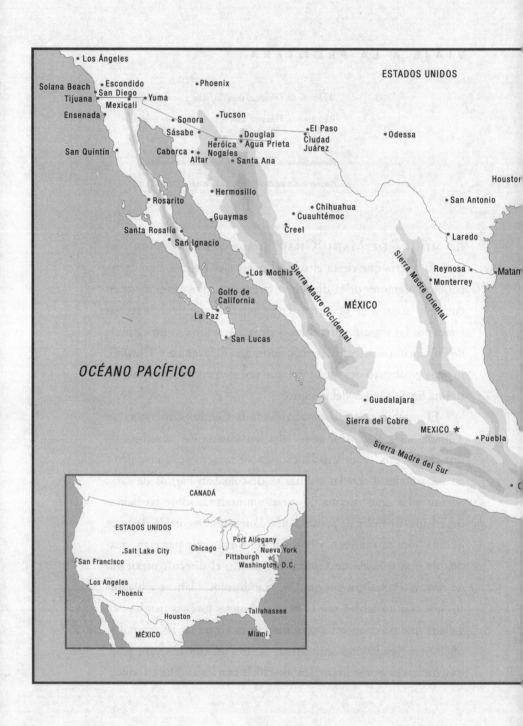

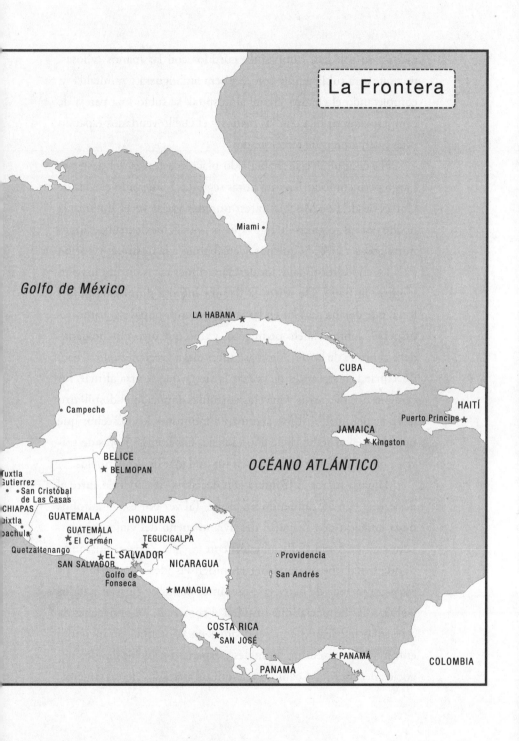

La Frontera

Golfo de México

Miami

LA HABANA

CUBA

HAITÍ

Puerto Príncipe

JAMAICA

Kingston

OCÉANO ATLÁNTICO

Campeche

BELICE

BELMOPAN

Tuxtla
Gutierrez

San Cristóbal
de Las Casas

CHIAPAS

GUATEMALA

HONDURAS

Tapachula

GUATEMALA

El Carmén

TEGUCIGALPA

Quetzaltenango

EL SALVADOR

SAN SALVADOR

NICARAGUA

Providencia

San Andrés

Golfo de
Fonseca

MANAGUA

COSTA RICA

SAN JOSÉ

PANAMÁ

PANAMÁ

COLOMBIA

tados a su soledad, campesinos curtidos con las manos callosas, una que otra rubia teñida con camiseta ombliguera y minifalda, y, completando el cuadro, frente al hospital, se subió una pareja de campesinos y su hija con las manos y el cuello vendados tapando unas quemaduras de tercer grado.

Hasta aquí el viaje había sido plácido a través del desierto. Largo pero cómodo. Treinta horas seguidas bordeando el Mar de Cortés desde Los Mochis, interrumpidas varias veces durante la noche por las requisas de rigor que la policía mexicana hacía más minuciosas a medida que nos acercábamos a la frontera, y por las paradas en los terminales locales para comer tacos, estirar los pies y entrar al baño. De resto, la llanura infinita iluminada por la luna, que dejaba perfilar en las colinas cactus, nopales o cardones dispersos sobre el suelo pedregoso, y uno que otro rancho ganadero al borde de la vía. Algunas cruces clavadas en el suelo. Cerca de Tijuana, justo antes de cruzar la sierra que se alza al mar, los cementerios de carros y neveras corroídas anuncian el despilfarro del país del norte. Allí se arruman a montones los desechos que no caben en el reino de la abundancia. Las horas y horas de travesía por el desierto se acaban en un muladar de desperdicios.

Tijuana marca la frontera con decisión. Se extiende entre el desierto y el mar, poniendo fin al sur. Tal vez por eso el autobús de la estación nos despertó del liviano sueño del viaje. Nos bajamos en la Avenida Revolución con la calle Zapata, buscando dónde instalarnos para poner en orden las ideas. Imposible. La *Revo,* atiborrada de bares y restaurantes llenos de turistas pálidos y ebrios, las farmacias que invaden el comercio, los almacenes de artesanías mexicanas con vendedores en la puerta que invitan a entrar a los transeúntes en inglés y espantan a los locales, los negocios de internet y cabinas telefónicas atestados de extranjeros, no parecían darnos pistas para agarrar la cuerda por dónde comenzar a trabajar. Ni siquiera las consignas indescifrables escritas por los grafiteros en un idioma tan extraño como el sánscrito, que enmarcan las cornisas de los edificios. Llegamos detrás de los que migran hacia el norte y en cambio, todo parecía hecho para el turista que viaja al sur detrás de la rumba. No estaban por allí los jóvenes que se lanzan al exilio en busca de trabajo. Caminamos hasta la plaza Viva México, donde el arco del reloj marca el paso de la frontera, sintiendo el peso de los morrales que a esa hora sumaban toneladas. Desde allí se ve la valla metálica que separa los continentes. Es la prolongación de la que veníamos siguiendo desde Santa Ana. Ahora estaba ahí, al alcance de la mano. La seguimos. Una propaganda gigantesca señalando el norte invitaba al paraíso: *San Diego, two miles ahead.* Una de las miles de camionetas *rutaleras* que transportan los pasajeros en la ciudad, nos llevó por la Carretera Internacional hasta Playas de Tijuana. Por el camino leímos sobre el zinc de la valla corroída, construida por los Estados Unidos con restos de las pistas de aterrizaje de la otra guerra del Golfo: *Paisano, bienvenido al sueño americano. Mensaje desde la gran Tenochtitlán*, rodeado de calaveras y de cruces. La frontera. Detrás, un par de metros más allá, se tiende la valla gringa escrupulosamente alambrada con púas sobre postes de concreto.

Nos bajamos en la Plaza de Toros Monumental, cerca al faro de la playa donde el mar cierra el paso de la frontera. Allí, sobre un montículo desde donde se vislumbra San Diego, la gente miraba al otro lado. A cien metros está el Hotel Martín, donde decidimos alojarnos. Martín nos dio una habitación con vista al mar. Con olor a Pacífico. Con cielo de gaviotas. Por fin vimos a los muchachos que miraban el horizonte con esperanza. No hace mucho tiempo esa playa era el lugar de encuentro y de visita entre los migrantes que lograron atravesar años atrás, y sus parientes. En la noche, fría y nublada de comienzos de enero, nos acercamos a ellos. Eran ocho. Seis hombres y dos mujeres que esperaban poder pasar desde la víspera de Navidad. Estaban bien abrigados de la cintura para arriba. Llevaban gorros de lana, guantes y chamarras gruesas, pero andaban descalzos con los pantalones arremangados. Cargaban en bolsas negras de plástico su equipaje. Tenían la ilusión de pasar abrigados con la niebla de la noche. Conversamos un rato con ellos. Con discreción. Dos extranjeros como nosotros, que no estábamos ahí para pasar, siempre son mirados con cautela. Pero rompimos el hielo con un trago de tequila y cigarrillos para todos. Con ese frío más les valía llevar calor en el cuerpo. Al frente, las luces de los carros y las motos de la *migra* los acechaban.

—Hay que esperar que baje más la niebla. Si nos pescan, el departamento de migración nos da el primer aviso. Al tercero nos meten a la cárcel. Es que cuando uno pasa con mujeres no puede meterse entre la ciénaga. Ellas corren menos que uno.

Cuando cedió la niebla, se echaron las bolsas al hombro y se metieron al mar para pasar la valla en el sitio donde rompen las olas. Los perdimos de vista por un rato y nos fuimos a dormir.

Playa es un lugar tranquilo, bordeado por un sendero pavimentado en el que en invierno sólo circulan los vecinos. No hay hoteles turísticos y los restaurantes son para los tijuanenses que los frecuentan el domingo. Una playa fría sin palmeras que no ha sucumbido al comercio americano. Atrás queda la Tijuana costera donde viven los profesionales y dueños de negocios que evitan el tumulto del centro de la ciudad. Se encuentran los mejores tacos de mariscos de la región y la calma de un lugar que no codician los inversionistas de grandes hoteles como el Decamerón. Sus mexicanos no envidian para nada el espejismo que les ofrece el primer mundo. De vez en cuando se ve en el horizonte un osado surfista que pelea con las olas heladas de enero. Hasta allí llegan los migrantes que pasan sin coyote, los que van de vuelta después de haber sido deportados y ya conocen el camino, los que llevan la mujer, y los que tienen la paciencia para esperar el descuido de la migra.

La valla de la costa es tal vez el lugar más vigilado. Los reflectores alumbran hacia México encandilando a los intrépidos migrantes nocturnos, los helicópteros sobrevuelan inclusive en las noches, los *jeeps* circulan las veinticuatro horas y las motos deportivas de playa de la migra están siempre al acecho. Y aún así, son muchos los que prefieren esta frontera para pasar. Por el Bordo, rumbo a la Garita, no se puede entrar:

—Ahí le arrebatan a uno la mujer y lo pican sin preguntar nada. Colonia Libertad es otro sitio no recomendable ni para uno como hombre —nos había dicho uno de los muchachos.

Nos los encontramos al día siguiente ateridos de frío. Cuando estaban ya bordeando la valla que se clava como una cuña en el mar, se levantó la niebla y debieron regresar, pues tratar de atravesar más adentro significaba el riesgo de morir de frío, como le pasó al muchacho que intentó cruzar en año nuevo. Con el mar menos frío podrían haber llegado hasta la ciénaga de San Diego, pero en este mes, media hora más entre el agua, era arriesgarse a la hipotermia. Nos tomamos un café con ellos y hablamos largo rato de sus vidas. Fernando se había devuelto para ver a sus hijos, que la mujer le había quitado mientras trabajaba en Michigan, y había encontrado a Miriam, que decidió cruzar para buscarle un futuro al hijo de ella que tenía seis meses de nacido.

Se iban juntos esta vez. Nos dieron datos de otros puntos de la valla que decidimos explorar durante el día, mientras ellos seguirían en el intento.

La recorrimos muchas veces mirando las consignas, los huecos, los altares, los monumentos a los dos mil quinientos muertos que, en forma de ataúdes, bordean la pista del aeropuerto; visitamos a Juan Soldado, patrono de los migrantes, en el Panteón; volvimos varias veces a la Avenida Revolución y pasamos un domingo la línea para almorzar en San Diego la hamburguesa que alimenta el sueño americano. Un río humano interminable atraviesa a diario, con papeles, la frontera. Por ser colombianos debimos pedir un permiso especial y justificar nuestro tránsito, pues las autoridades dudaban que fuéramos sólo a almorzar. El silencio y el orden de San Diego nos aturdieron. Era más melancólico que cualquier domingo en cualquier ciudad del mundo. Bastó una vuelta por el viejo pueblo cándidamente conservado para querer volver al desorden mexicano.

En una semana aprendimos a distinguir al emigrante del resto de la gente. Jóvenes de veinte a treinta años, con cierto aire campesino, un poco sombríos, taciturnos, con chamarra, gorros, guantes y pantalón oscuro, que, andando en grupo, perdían la identidad.

Dimos con la mata de migrantes en la casa de los padres Scalabrini —una obra admirable que comenzó en la Italia de fines del siglo XIX, cuando la guerra obligó a muchos italianos a refugiarse en las fronteras—, a donde llegan los deportados en las peores condiciones. Desde el macabro once de septiembre no da abasto con la gente que devuelven. Un edificio de cinco pisos con habitaciones que miran a un patio central, que en el momento de nuestra visita alojaba cerca de doscientas cincuenta personas.

Entre todas, la historia más impactante que oímos fue la de un deportado que había pasado dieciséis años y medio en una cárcel americana. Después de tres años en que había hecho familia y capital, unos malos tragos de una noche le cambiaron la vida. En un accidente de automóvil murieron las personas del otro auto y comenzó su infierno. Cuando terminó de pagar la condena lo expatriaron y volvió, como mojado, a recuperar a su hija Emily en Allegheny. De todos estos años le quedaba una mirada de amargura y un tatuaje que iba de la muñeca hasta el cuello. En la Casa del Migrante había asegurado el hospedaje durante quince días y la posibilidad de trabajar para juntar los pesos necesarios y devolverse. La mayoría pasa por allí para tomar aire y recuperar las fuerzas menguadas por el largo viaje hasta llegar al paso o para preparar la vuelta a Estados Unidos. Allí también nosotros encontramos de la mano de los Scalabrini, el camino para seguir el viaje por la frontera con una carta de navegación.

Fue más difícil llegar al corazón de las maquileras, pues a la salida de las fábricas rehuían cualquier acercamiento. Pero en el Colegio de la Frontera, José Manuel Valenzuela nos hizo el contacto con Factor X, una organización que apoya a las mujeres que tienen problemas laborales. María Soledad fue el comienzo de una larga cadena de historias que descubrió el velo de la otra cara de la moneda: la vida de miles de mujeres que llegan al filo del Norte a buscar una manera de sobrevivir quebrándose la espalda.

A medida que conocíamos la Tijuana de frontera y refugio de ilusiones, el frío del invierno se nos fue metiendo en el cuerpo como si las almas tristes de la gente nos hubieran helado. Decidimos avanzar hacia otros lugares escogidos por la gente para cruzar: Jacumí, La Rumorosa, Altar. El desierto cruel donde ni siquiera los americanos resguardan la frontera. Se atienen a que las despiadadas condiciones de la naturaleza hagan lo suyo.

—Jacumí —nos había dicho un ranchero—, es un lugar solitario por el que suelen pasar muchos migrantes.

La noche anterior no más, habían atravesado por el camino que cruza su rancho dos grupos de más de diez muchachos. Fuimos hasta allá, desviándonos hacia el norte unos tres kilómetros afuera de la autopista. Está prácticamente en la línea. Es un pueblo solitario que da la impresión de estar abandonado en medio del desierto, con casas dispersas de solares grandes donde se enmalezan electrodomésticos ruinosos y carros desvalijados. La poca gente que vimos nos esquivó la mirada. No parecían tener la calidez que tiene el mexicano con el forastero. Fueron ásperos, huidizos y no nos dieron ninguna información acerca de los migrantes. La hostilidad nos hizo pensar que se trataba de un pueblo de coyotes, de los que hacen el cuarto de hora con los más incautos de los migrantes que llegan a los terminales de autobuses o a la línea a buscar cómo pasar. No pudimos averiguar mucho más. Dimos media vuelta y regresamos a la autopista cuando comenzamos a sentir que habíamos preguntado demasiado. Lo confirmamos después de haber hablado con el hermano Pablo en La Rumorosa.

El hermano Pablo está a cargo de la Casa de Desamparados, ubicada —metafóricamente— en el más absoluto desamparo del desierto. Hasta allí nos guió una patrulla de la Policía de Agua Prieta, porque de otra manera no hubiéramos llegado. En medio de un paisaje pedregoso y árido, al pie de un gran cañón que parece ser el hilo entre el Cañón del Taraumara, México, y el Cañón del Colorado, Estados Unidos, el hermano Pablo está construyendo, a punta de donaciones, un asilo para migrantes y ancianos. No había jóvenes, pero el padre estaba atareado dándole el almuerzo a más de media docena de viejos que debieron alcanzar a ser revolucionarios de Pancho Villa. Nos mostró las instalaciones que está terminando, para albergar a los *mojados* que rescata del desierto.

Desde que trabajó como pastor en la Sierra, el hermano Pablo conoce sus breñas como la palma de la mano. De ahí que sea el mejor guía para rescatar a los grupos de migrantes que se pierden o que lo coyotes abandonan. La mayoría de los que pasan por su casa —calculó cerca de mil quinientos en el 2003— son mexicanos, pero también llegan centro y suramericanos. Pasan por los lechos de arroyos secos, enclavados entre canteras de piedra de tres y cuatro metros de altura que casi se topan arriba, evitando que los helicópteros los vean. Por esas sendas comienzan a caminar guiados por coyotes que muchas veces, después de cobrarles, los dejan botados a su propia suerte. Inclusive en medio del mismo desierto mexicano sin haber pasado la frontera. Algunos logran atravesar los seis kilómetros que separan La Rumorosa de la línea y otros más, hasta llegar triunfantes a los gigantescos cultivos de maíz y naranjas de los ranchos americanos. Pero muchos buscan desesperados el camino de vuelta y quedan a la deriva del desierto, donde el calor y la sed durante el día, o el hielo de la noche los consumen. Un joven ahorcado y una mujer congelada encontrados por el hermano Pablo el último verano, son testigos del dolor de las condiciones de esta travesía.

Hacía poco había acogido treinta y cinco migrantes perdidos que llevaban un par de días dando vueltas alrededor del mismo punto. El grupo Beta, una organización gubernamental de ayuda a los migrantes, fracasó en el intento de rescatarlos. El hermano Pablo los ampara dos o tres días, y los cura de raspaduras, fracturas, mordeduras de culebra, picaduras de alacrán y ampollas en los pies. Recibe gente generalmente deportada o que se perdió en el cruce, y ahora andaba ampliando la posada para la temporada grande, que comienza cuando merma un poco el frío del invierno.

La larga noche en que viajamos en autobús hasta llegar a Altar, estuvo sobresaltada por imágenes agónicas de migrantes sedientos y congelados en el desierto iluminado por la luna. Parecía interminable a lado y lado de la vía. Nuevos retenes y requisas a los pasajeros. A duras penas un descanso del cuerpo para lo que nos esperaba. Altar estaba atiborrado de muchachos que parecían cortados por el mismo molde. Trescientos, cuatrocientos, imposible de calcular. Todos con sus vestimentas oscuras, medio camuflados, escondiendo su miedo que envolvía la ilegalidad, se movían como enjambres por las calles y el parque principal del pueblo. Aunque en México no es ilegal la migración, ellos saben que pasando la frontera comenzarán a deambular en un limbo sin patria. Al menos mientras llegan al *freeway*. Desde que nos bajamos del autobús con el propósito de conversar con algunos de ellos, sentimos su rechazo. Dudas, evasivas, desinformación, era todo lo que recibíamos a las preguntas sobre para dónde iban o de dónde venían. Inclusive el encargado de la Casa de Migrantes, un norteamericano que apenas balbuceaba el castellano, fue cortante y nos sacó con cajas destempladas. Cualquier extraño puede estar haciendo preguntas que los pongan en peligro. A los mojados, o a los coyotes. Nos abrió la puerta llegar con la recomendación de los Scalabrini a la casa cural. El padre, un joven español, nos habló largamente del drama del migrante. Andar tras la ilusión de unos dólares, un trabajo, una ayuda a su casa, salir del hambre ancestral, operar a la mamá, ver crecer a los hijos, comprar una casa. Motivos que tantas veces han visto resueltos en el cine con un puñado de verdes, los llevan a jugarse la vida al azar entre un alambre de púas. De todos modos, en el sur tienen perdido el futuro. En el norte les queda una posibilidad. Nos dijo que en Sásabe veríamos la puerta de la oportunidad cara a cara.

De Altar sale cada media hora un autobus con dirección a la frontera llevando quince pasajeros, y como ellos, ocupamos un lugar, jugándonos la suerte. En medio del camino nos detuvo la Policía de Migración mexicana:

—¿Lugar de procedencia?

—Guanajuato, Puebla, Tlaxcala, Los Mochis, Colombia.

—¿Tienen sus papeles en orden?

—Todo en orden.

—Cuídense, hay gente que está detrás de quitarles lo poco que llevan. Asegúrense de ir con alguien que no los deje en medio del desierto.

Tragamos saliva. Pasamos como migrantes sin más interrogatorio. Pero desde que nos bajamos en Sásabe, comenzaron las ofertas. Ser extranjeros cuesta más, razón por la cual hay más gente dispuesta a hacer el cruce. El desayuno a medio día con tacos calientitos de carnita y chile nos volvió el alma al cuerpo para lanzarnos al agua. Ahí mismo, al comedero, nos llegó en menos de quince minutos quien tenía la mejor propuesta. Nos esperaba *el propio* cuando termináramos de comer.

—¿Viajan solos? ¿Llevan equipaje?

—Sí. No. No podemos correr el riesgo de quedar deportados en la frontera.

—Es peligroso, pero podemos garantizar el paso sin problemas. Los llevamos en automóvil hasta el otro lado, sin requisas en el camino, sin travesía por el desierto. Dos mil quinientos dólares antes del viaje y otro tanto en Tucson.

El coyote no nos miró. Estaba sentado en una camioneta polvorienta de vidrios polarizados, con sombrero vaquero y anteojos de sol, sorbiéndose una sopa empaquetada de marca americana recién calentada en microondas.

—Ustedes saben que aquí los colombianos son sospechosos de andar en negocios que a *ellos* no les gustan.

Nos escabullimos con un "Vamos por el dinero y estamos de vuelta el jueves a medio día".

—Trato hecho.

Con el negocio listo, pero sin haber conseguido mayor información, caminamos la fría tarde por un pueblo sin alma. Los migrantes pasaban a nuestro lado preocupados por encontrar su propio ángel, que aquí podría ser su demonio. Cinco mil dólares estaban lejos del alcance de cualquiera de ellos, pues ni siquiera alcanzaban los mil quinientos que pedían para garantizar la expatriación de un mexicano. Supimos que bajaba hasta trescientos la guía a pie, que duraba tres días por el desierto. Pero había que sumarle el vestido blanco para el día, el galón de agua para la sed, y muchas veces, como contraprestación, la obligación de llevar a cuestas un bulto de droga, que por allí transita como pez en el agua.

No había mucho más que hacer en ese pueblo desapacible y gris del oeste, donde parecía morirse la esperanza, y decidimos volver antes del atardecer. La suerte fue encontrar a Heraclio Barrera, que como todos los otros conductores de autobus, viajaba solitario de vuelta hasta Altar. Nos llenó el viaje de historias del México de Villa que oyó contar a sus abuelos. El sol horizontal nos regalaba las sombras de las pencas gigantescas a través de los coloridos arreboles del desierto. Atrás, al norte, quedaba la suerte de los muchachos con que entramos, que por tercera vez en la semana intentaban ingresar al sueño americano.

Todavía en Altar, antes de seguir nuestro camino y después de un café caliente que nos brindó el sacristán, supimos el más macabro de los cuentos.

—Aquí nadie habla porque en el último mes han desparecido varios mojados. No se queden por aquí. Hay albergues que no son recomendables. La dueña de uno de ellos está encausada porque parece que tiene una clínica de órganos. Como nadie sabe quiénes son ni de quién son hijos, nadie vendrá a preguntar por los migrantes —nos dijo entre dientes el vendedor de tacos que a media noche tenía el único puesto abierto. Y en medio del polvo que dejaban los camiones a su paso, esperamos uno que nos llevara hasta Agua Prieta, a donde llegamos después de otras doce horas de camino.

Ubicada frente a Douglas, Arizona, unos ciento treinta kilómetros al este de Nogales, en Agua Prieta el movimiento de mojados era casi imperceptible, pero la existencia de otra Casa de Migrantes era una señal clara de que también por allí pasaban.

—Menos que en otros puertos —nos dijo el padre, que esta vez era argentino—, pero por una razón: al otro lado está la región más peligrosa para ellos. Los rancheros de la Border Patrol, conservadores furibundos, tienen guardias armados a su servicio que los cazan como venados asustados. Por este paso lograr llegar vivo al otro lado es casi una lotería, así que la Casa recibe sobre todo deportados que han sido detenidos por tranportar drogas, o por delitos menores.

No pudimos conversar con ningún migrante en esa ciudad brumosa atravesada por una carrilera desvencijada donde se quedan ensartados los ovillos de las *rodaderas* del desierto, arrastrados por el viento. Un perro echado en una destartalada silla de un vagón, abandonada al lado de una estación donde ya los trenes no pitan, nos devolvió cien años de historia. En 1915, luego de la fatal derrota en Celaya, Pancho Villa quiso retomar la iniciativa presentándole batalla a Carranza en Sonora. Mientras los revolucionarios se dirigían a Agua Prieta, Wilson, presidente de los Estados Unidos, reconoció a Carranza y lo autorizó a pasar las tropas federales por territorio estadinense para enfrentar a Villa. En Agua Prieta fue de nuevo derrotado. El encono del llamado Centauro del Norte fue profundo e indeleble. Juró venganza.

El viaje entre Agua Prieta y Ciudad Juárez, insospechado por la variedad de formas que alcanza a tener el desierto cuando se levanta sobre las colinas escarpadas de la sierra, lo hicimos de día, calculando llegar aún con luz a la ciudad que nos venía rondando desde el comienzo por las escabrosas historias de las mujeres muertas. Llegamos justo al filo de la tarde para ver desde lejos una ciudad inmensa, que desparramaba las primeras luces en el horizonte. Más sucia y gris que Tijuana, y sin la vecindad del mar que la apacigüe, la Juárez fea y desapacible de la gente está rodeada por un circuito industrial de inmensas fábricas instaladas entre amplias avenidas bien iluminadas por las que circulan las veinticuatro horas camiones que llevan a las maquileras al trabajo.

Más de una hora tardamos en llegar a la terminal de autobuses y otro tanto en buscar un lugar desde donde pudiéramos movernos con confianza. Un hotel de la Avenida Lerdo en el centro, entre el río Grande y el mercado y cerca de la frontera con El Paso, nos sirvió por unos días de resguardo mientras establecíamos la relación entre migrantes y maquilas. De los primeros habíamos aprendido a seguir la senda y a acercarnos con cautela. Ya habíamos encontrado la manera de buscarlos, identificarlos, clasificarlos, indagarlos y hasta sentíamos complicidad con su ingrata causa, que los empujaba a abandonarlo todo detrás del mezquino futuro que les guiñaba al otro lado de la valla de metal. De las maquilas teníamos aún la sensación de que era la única posibilidad de resistencia digna que le quedaba todavía al sur a esa muchedumbre esperanzada que había llegado hasta aquí atraída por el espejismo del desarrollo. Vana ilusión. Encontramos el horror de las piezas de cadena en que convierten las fábricas a las personas de carne y hueso. Inevitable recordar a Chaplin en *Tiempos modernos.* Una ciudad dormitorio, más, mucho más que las otras por las que pasamos, al servicio de ciento setenta y cinco empresas de partes y piezas que serán ensambladas en cualquier otra parte del mundo, que llevarán etiquetas extranjeras, y que serán utilizadas y consumidas en países ricos por gente que jamás se preguntará de quién fueron las manos que tan acuciosamente trabajaron en su fabricación. El distribuidor de una Toyota, la cremallera de un Levis, la cara del pescador de un Lego, el ojete de los tenis Converse, el enchufe de un Panasonic. Cada pieza ha sido juntada, ordenada y pegada por alguien que pierde la identidad y el alma detrás de una cinta empacadora, sufre de artrosis prematura. O llora la soledad de un desamor. Entran y salen en los cambios de turno miles y miles de muchachas anónimas, que sobreviven gastando en mantenerse lo que ganan a diario. Diez veces menos que lo que ganarían en El Paso haciendo cualquier oficio. Por eso, porque más que mujeres se han vuelto parte de las máquinas en las que trabajan, ya se perdió la cuenta de cuántas han sido asesinadas.

—Exageran quienes hacen alarde de que son más de cuatrocientas. Si acaso serán ochenta o cien. Le están haciendo mala fama a la ciudad que ofrece estupendas oportunidades a la inversión extranjera —nos dijo el taxista sin dejarnos respirar. Por eso, la noche que llegamos, guardamos las ganas que traíamos de tomarnos unos tequilas en la hermosa plaza del mercado de Cuahutemoc.

Tratando de borrar la macabra imagen que se ha difundido sobre Juárez, los organismos de investigación de México envían todos los días un nuevo delegado encargado de bajarles el perfil a las denuncias.

—Se dice que de vez en cuando las matan los rancheros en juerga porque las niñas no cumplen sus deseos, pero como aparecen los cuerpos un tiempo después, no es posible establecer las causas de la muerte. Otros dicen que las usan para cine rojo, y hay uno que otro que cree que es que los muchachos americanos se enloquecen a punta de droga y tequila y pierden la cabeza —nos dijo un extraño que nos vio extranjeros en el desayuno, como si fuéramos detrás del caso.

—Es mejor que no pregunten mucho por ahí porque los pueden enredar —y nos dio su tarjeta por si necesitábamos algo. Era un miembro de la Procuraduría General de la República, la tenebrosa PGR. Con el aliento clavado entre pecho y espalda, nos pareció más insólito todavía caminar por la Avenida Lerdo, que nos separaba del paso del río Grande, que en todas sus vitrinas exhibía pomposos vestidos de novia y sacolevas, trajes de pajecitos y de ceremonia, tarjetas de invitación labradas en pergamino y ponqués polvorientos de varios pisos coronados por una cándida pareja que aquí parecía haber perdido el sentido. Como si a Juárez llegaran las muchachas a casarse. ¿Con quién, si todos los chamacos andaban buscando colarse en la frontera?

Luis Alfonso Herrera, un profesor de la Universidad de Juárez, que trabajó durante cinco años en las maquilas para preparar su tesis de maestría, nos despejó el miedo que teníamos de las noches de Juárez. Nos dijo que allí sólo encontraríamos el corazón de las mujeres que veíamos salir todos los días de las fábricas, y que el salón Río Bravo era el lugar más frecuentado por las maquileras que buscan distraer la soledad. Allá fuimos a dar. Encontramos a Flor en la barra del bar, con un aire melancólico que dejó salir la tristeza con que nos contó su vida.

Fue una larga conversación deshilada en medio de la música norteña, la cumbia y los corridos que llenaban el lugar. No pudo ocultar su desarraigo campesino, mientras nos contaba paso a paso la idea frustrada de felicidad que la trajo a trabajar al norte. Sabía que sus días estaban contados por una enfermedad que le había destrozado los pulmones trabajando en las maquilas y nos habló, con la terrible sinceridad del desahuciado, del desamor, de la muerte de su prima y de la vida sin sentido. La dejamos ahogando su amargura en un tequila mientras volvíamos por las calles solitarias de la madrugada a la frontera, que ya con las primeras luces del sábado esperaba una larga fila de migrantes.

Más que un río grande y caudaloso que separa vecinos que nada tienen en común, entre las dos Américas encontramos un triste caño canalizado entre moles de concreto que los transeúntes usan como muladar y llenan de empaques y basura de lo que compran en El Paso.

No es posible pasar por Ciudad Juárez, llamada antiguamente Paso del Norte, sin pensar de nuevo en Pancho Villa, cuya memoria en el pueblo se mantiene viva no sólo en los estados fronterizos —en particular en Chihuahua—, sino en todo México. Decidimos viajar a Columbus, el pequeño poblado que se tomó Villa el 8 de marzo de 1916, como una especie de homenaje al gran revolucionario. A El Paso, Texas, se llega desde Juárez atravesando un puente sobre el célebre río Grande; tomamos luego la autopista 70 hacia el oeste y tres horas más tarde divisamos el pueblo, que ha sido el único lugar del territorio continental norteamericano invadido por fuerzas militares extranjeras después de la guerra de independencia con Inglaterra. Columbus está hoy, casi cien años después del audaz golpe de Villa, tal como debieron de encontrarlo sus *Dorados*: una estación de ferrocarril —que hoy es museo—, un gran tanque de agua y una docena de casas desperdigadas; aún se conservan el hotel, la cárcel y las ruinas del banco dinamitado en aquella ocasión. Villa acarició la venganza contra Wilson durante casi un año. Carranza parecía dominar todo el país, y estaba seguro de que era imposible el resurgimiento de su enemigo acérrimo; no contaba con la capacidad casi milagrosa de recuperación de las fuerzas villistas y menos aún con el espíritu antinorteamericano que una operación militar contra los gringos podía desencadenar en México. Aunque tácticamente la toma de Columbus fue un fracaso —un centenar de revolucionarios murieron y sólo quince defensores—, los efectos políticos fueron muy negativos para Carranza. Wilson autorizó la llamada Expedición Punitiva, compuesta por cinco mil *panters* al mando del general Pershing, quien fuera días más tarde héroe de la Primera Guerra Mundial. Una ola nacionalista atravesó el país; durante ocho meses las tropas norteamericanas recorrieron por aire y tierra el Estado de Chihuahua, fueron emboscados varias veces por Villa y tuvieron que regresar a su país con la "cara cubierta de vergüenza", como dice el corrido popular.

La sorpresa de Carranza no debió de ser inferior a la nuestra cuando el propietario de la única posada abierta del pueblo, resultó ser un ex *marine* que había operado en el departamento del Putumayo, protegiendo la reconstrucción del oleoducto que

Colombia comparte con el Ecuador. Conocía en detalle la región y nos contó, con no disimulado orgullo, que a mediados de los años ochentas había colaborado en la instrucción de fuerzas paramilitares en el río San Miguel, donde Rodríguez Gacha, El Mexicano, tenía una base y preparaba un asalto al secretariado de las FARC. El mundo es demasiado pequeño. Regresamos a Juárez estupefactos.

Nos había contado Flor que en la cárcel de Juárez pagaba la condena el único sindicado de los asesinatos de mujeres. Un comerciante árabe deportado de Estados Unidos por haber abandonado a una despampanante rubia. No había tal, el hombre había sido trasladado al Distrito Federal porque tenía muchos enemigos. En cambio, dimos con la compañera de celda de la Doña, que nos abrió la puerta para ir detrás de ella. La coyote mayor, que llegó al más suculento de los negocios por culpa de una historia de amor que la tenía pagando una pena en vida más larga que los años de cárcel que le dieron por traficar con los migrantes, nos recibió en su Casa Grande, donde estaba de nuevo inventándose cremas para quitarle arrugas al dolor que tenía todavía fresco en su mirada.

Después de hablar con un pescador salvadoreño deportado que buscaba donde los Scalabrini una pausa en su regreso, de cenar en la tasca donde Paquirri celebró las dos orejas que le dio la Plaza de Toros Monumental de Juárez, y de comprar detrás de la iglesia colonial de La Misión de Nuestra Señora de Guadalupe, un sarape de Saltillo, un molcajete de piedra de volcán y el más perseguido documental del la revolución mexicana, *Memorias de un mexicano,* de Carmen Toscazo, realizado en 1950, encontramos razones suficientes para quedarnos viviendo en este sur que todavía sobrevive a la injusticia.

Alzamos vuelo con la sensación de que, al fin y al cabo, hoy el río Grande es una coladera que deja pasar la mano de obra fuerte que les sirve a los gringos para hacer los trabajos pesados que ellos ya no hacen, y deja la barata para que les produzca todo lo que ellos jamás se cansarán de consumir. La frontera entre el norte y el sur rompe familias e ilusiones y separa hombres de mujeres que viven detrás de la esperanza de encontrarse, algún día, en la vejez.

María Constanza Ramírez

2

MARÍA SOLEDAD

I

MI VIDA HA SIDO UN MERO ANDAR. Andar sin parar de aquí para allá, de allá para acá, sin poder echarme a mirar qué estoy haciendo. Nací en Veracruz, que es como decir en el camino de la cruz. No conocí a mi madre. Nunca pude saber quién era, y cuando recavé en mi padre, no quiso contarme nada. Me crié con mi abuela, que era la mamá de ella, y mirándola la saqué: ojos grandes, pelo negro y una boca pequeña como una hendija. Debía de tener los huesos pesados, porque yo así los tengo. Me pesan desde niña.

Cuando murió mi abuela, no me di cuenta. Me lo ocultaron. O no me lo ocultaron; más bien, digo yo, nadie me quiso contar, porque si a mí casi no me miraban, ¿qué me iban a contar que mi abuela se había muerto? Yo desde ese día quedé a cargo de una tía que nunca había visto, y que desde que la vi se hizo llamar señora. Yo lo sabía de cierto porque tenía las mismas manos de mi abuela, se levantaba a la misma hora y hacía gárgaras antes de vestirse. Después tomaba café, se encomendaba a las almas del purgatorio —lo mismito que la abuela— y me levantaba para que le sacara la bacinilla del cuarto antes de que el sol calentara los orines y toda la alcoba oliera —decían ambas— a bar de mala muerte. De seguro habían trabajado en uno hasta que el cuerpo les dio.

Yo era mantenida. Era lo que me decían. No sabía qué era ser así, pero la sola palabra me maltrataba. Porque no era verdad, no era verdad. A mí me daba mi tía una gran bolsa de papel donde ella con mucho cuidado echaba veinticinco *coricos*, contados siempre en voz alta aunque yo no supiera contar. Eran unos pasteles de harina que se derretían en la boca o se volvían miga en las manos si se les estrujaba. Mi tía me enseñó a caminar con ellos sin que nada les pasara: había que andar despacio, como pisando cáscaras de huevo, para que los coricos no se volvieran otra vez harina. Me amenazaba:

—Si llegas con migas en vez de lana, no tendrás comida.

Fue por eso que me di cuenta de que mis huesos pesaban mucho. Cada paso que yo daba, lo sentía entre la bolsa en que llevaba los bizcochitos y no sabía cómo hacer para que no se destrozaran. Los vendía muy rápido porque eran gustadores y tenían fama. Yo me sentaba a la salida de los colegios a esperar a los estudiantes y ahí los vendía todos sin tener que caminar. Los chamacos salían hambrientos y me los quitaban de la mano. Todo iba bien hasta que cierto día llegó un señor a vender tortas de maíz. A los estudiantes no les gustaban y poco le compraban. Y como no tuvo buena venta, el hombre se me acercó, me atropelló y con sus manos me rompió dentro de la bolsa todos los coricos. Quedó la mera harina. No había lágrimas con qué volverlos a amasar. Regresé a la casa llorando y sin haber vendido uno solo. La tía cumplió lo que me prometió: me encerró amarrada en una alcoba y no me dio comida en dos días. Por eso, cuando me vi libre, me escapé de la casa. Tenía doce años.

Yo había visto que al puerto llegaba mucha gente y pensé que habiendo tanta gente, algo encontraría. Buscaba hasta en los basureros. Temía que me encontraran y tuviera que volver, pero poco a poco me di cuenta de que nadie me buscaba. Por fortuna, alguien me dijo que en las pescaderías podían pagarme por barrer las cáscaras de los camarones y botarlas al mar. Me daban la comida, la dormida y una escoba. Trabajaba y dormía en un rincón muy frío de la empresa, porque las neveras y los congeladores tenían que estar prendidos día y noche. Hice mi cama detrás del calorcito que sueltan los motores, y viví así hasta el día que un señor ya viejo se quedó mirándome. Me estudiaba. Sentí miedo cuando me dijo:

—Soy tu padre.

Habló con el patrón y le aclaró que yo era su hija y que tenía que irme con él. Me sentí como una bestia mostrenca de las que su dueño rescata en el coso municipal. Nada pude decir.

La vida con mi padre —o con quien decía serlo— fue tiempo de mucho sufrimiento. Yo tenía que ver por la casa: hacerle de comer, limpiar la alcoba y tenderle la cama donde dormía. Todo se arremolinaba contra mí. Yo dormía en el suelo a su lado, y aunque sus ronquidos me asustaban, eran mi tranquilidad porque me decían que estaba dormido y dormido no podía hacerme daño. Yo esperaba despierta, respirando corto, hasta que le sentía sus ruidos. Fue así hasta la noche que, ya dormida, lo sentí a mi lado, respirándome en vez de roncar. Me recorrió un frío de arriba abajo, se me metió entre la piel como si fuera una enfermedad maligna. Pero fue tarde.

A nadie me quejé porque de la queja no sale sino la humillación. ¿A quién podía quejarme, y, por encima de eso, de qué? ¿Quién podía oírme, si para nadie existía? Me dio miedo de que me culparan a mí del delito, y me dejé llevar noche a noche por los socavones de esa respiración entrecortada, sucia y caliente.

II

MI PADRE ERA JUEZ de la presidencia municipal y su oficio era casar parejas. Como el sueldo no le alcanzaba, tenía que trabajar comprando y vendiendo pescado en el puerto. Salía de madrugada a negociarlo en los barcos que regresaban con sus bodegas llenas, compraba unas arrobas y luego las vendía en las tiendas del barrio. Volvía con hambre y oliendo a pescado. Yo le tenía preparado el café y las quesadillas. Limpiándose el bigote se iba corriendo a casar el primer matrimonio. Casaba sin compasión, a todo el mundo, y hasta a mi hermana casó. Yo no la había oído mentar hasta la noche en que él, después de satisfacerse y antes de echar a roncar, me dijo:

—Mañana doblas el café y las quesadillas porque viene tu hermana a comer con nosotros. Se casa. La conocerás. Es muy linda. Arréglate bien.

Yo me arreglé sin tener con qué hacerlo. Pero reventaba de la dicha al pensar que había, por fin, una persona a quien pudiera preguntarle quién era yo.

Mi hermana llegó. De verdad, era muy linda. Tenía una cara suave. La casó mi padre con un hombre áspero y fuerte como un muro de cemento. Casados ya se fueron a vivir muy cerca de donde dormíamos nosotros. Su marido era un chofer de camión que hacía la línea entre Veracruz y Monterrey y que a veces llegaba hasta Chihuahua. Ella cosía. Lo hacía con mucho primor y algo de su arte me enseñó. Platicábamos mucho, pero cuando yo le hacía las preguntas que me desvelaban, ella se escabullía y con cualquier respuesta me salía. Yo, en cambio, no sabía hacer lo mismo cuando ella me preguntaba lo que yo no me atrevía ni a pensar. Una tarde desembuché todo lo que llevaba en el alma; al fin y al cabo, ella me daba más confianza que el resto del mundo. Ella era el único mundo que yo tenía. Se quedó callada, como saboreando el dolor.

—El pecado no es tuyo —me dijo aclarándose la voz, y volvió a su silencio encerrado.

No tardó en preguntarme si me daban ganas de trabajar en otra parte, ya que su marido conocía una familia acomodada de Chihuahua que podría contratarme para trabajar como sirvienta. Yo tenía ya catorce años y quería mirar más allá del monumento a los Niños Héroes de Veracruz. Me puse contenta de irme con permiso, sin tener que huir y dejando que la discusión la tuvieran entre alla y mi padre, ya que él no quería convenir en mi viaje.

Una mañana me despidió mi hermana. Su marido me acomodó a su lado en el camión, y primero Jalapa, luego Tampico, y después Ciudad Victoria, a donde llegamos cansados. Mi cuñado me había platicado todo el trayecto; me había contado su vida entera. Yo, en cambio, poco tenía que contar porque no lo sabía o si lo sabía me daba vergüenza decirlo. Él era nacido en Saltillo, en una familia de tejedores de sarapes, pero nunca quiso aprender ese arte. Tampoco lo trasnochaban los caballos. Soñaba sólo con camiones. Por ratos me soltaba el timón, pero a mí me daba miedo sentir en mis manos esa rueda que parecía estar viva. Cuando llegamos a Monterrey nos alojamos en un hotel donde no lo conocían y ese detalle despertó tanto mis temores como mis deseos. Cuando el miedo cedió, el deseo se cumplió. No tuve tiempo de enamorarme porque no estaba escrito, pero como dice la canción, dejó la vela encendida.

III

CHIHUAHUA TIENE MÁS NOMBRE QUE CUERPO. Una catedral alta, un mercado movido y unas calles largas donde venden botas de lagarto y sombreros de fieltro. No me gustó la ciudad, pero era famosa y eso me hizo sentir importante.

Mi cuñado me llevó a la familia que me iba a contratar. El patrón era criollo, ranchero, y ella era *güera*. Él era moreno retostado, ella era rubia y blanca. Tenían tres hijos, todos pequeños, y vivían en una casa amplia y cómoda de cinco habitaciones. A mí me ubicaron con otras dos criadas; una vieja, que sabía los secretos, y otra joven, que le obedecía. Yo, siendo la menor y la nueva, estaba más que al servicio de la patrona, al servicio de ellas. Me dieron un uniforme azul claro y unos zapatos blancos de tenis; debía levantarme a las cinco de la mañana, encender la estufa, sacar la basura y poner el café. Luego despertar a mis compañeras para que la más vieja, despertara a la señora. A las nueve estábamos todos, patrones y empleadas, desayunados. Entonces comenzaba la rutina, una rutina que a mí me hubiera gustado si al poco tiempo no me hubieran comenzado los mareos: había quedado embarazada de mi cuñado y con la mala suerte de que también mi hermana había quedado preñada por aquellos mismos días. No me molestaba ni lo uno ni lo otro. Lo uno porque era como sentirme acompañada y lo otro porque era como sentirme igual a mi hermana. Pero no pude gozarlo porque mi cuñado nunca volvió y mi hermana dejó de escribirme.

Lo que tampoco me daba calma era el trato que la señora tenía conmigo. Era fotógrafa. Tenía muchas cámaras y dio en fotografiarme día y noche. Me seguía por toda la casa tomándome fotos, disparando su máquina, acribillándome como se fusilaba, según cuentan, en la Revolución. De lejos no me importaba y hasta de ella podía olvidarme; pero cuando me fotografiaba la cara, lo hacía tan cerca que yo podía verle los muchos vellos trasparentes que tenía en su bigote. Nunca supe si me fotografiaba, me estudiaba o estaba enamorándome, pero me hacía sentir un animal raro. Más raro cuando descubrí que mandaba mis fotografías a la universidad y una buena tarde se aparecieron unos señores con maletines a medirme la cabeza, la distancia entre mis ojos, el tamaño de mis orejas. Me sentí más irrespetada que nunca. Ni mi padre ni mi cuñado habían abusado tanto de mi cuerpo. Por eso le hice el reclamo a la *güera* y a los dos días estaba con una bolsa de ropa en la estación de camiones, a donde mi cuñado llegó a buscarme. Me miró la barriga, sonrió y no volvimos a platicar hasta que llegamos a Monterrey a dormir en el mismo hotel, donde volvimos a hacer lo mismo. En Veracruz mi hermana no me saludó; me dio un puño en la cara. A los pocos días, sin embargo, me dijo:

—Esta ropa servirá para los dos.

Nacieron mellizos. Ella tuvo un varoncito, yo una hembrita. Les pusimos, con honor, los mismos apellidos.

IV

LAS COSAS SE PUSIERON DIFÍCILES después de que dejé la cama. Por la calle se oía decir que mi hija era de mi padre. El dicho me ofendía. También a mi hermana. Y también a mi cuñado, que ya había legalizado a la nena como hija de él. Lo mejor era que yo desapareciera, y así mi hija crecía con padre y madre y yo podía seguir echándole ganas a la vida. Teníamos una vecina que había regresado a Veracruz de los Estados Unidos. Venía de vacaciones. Trabajaba en Los Ángeles y me ilusionó con pasar la frontera. En aquel tiempo no era difícil hacerlo por Tijuana. Los coyotes tenían su camino por Los Altos y sólo cobraban quinientos dólares, que fue lo que mi cuñado me dio, y que, sin decírmelo y yo sin aceptarlo, era el dinero que me daba por la niña. El viaje de Veracruz a Tijuana fue un viaje largo, muy largo: cuarenta y ocho horas, con un respiro en Mazatlán.

Tijuana es una ciudad muy grande, a donde llega todo el mundo. Unos buscan colarse al otro lado, y otros llegan a vivir de los que no pueden colarse. Es polvorienta y si no fuera por el mar y la valla que divide al norte del sur, no tendría forma. Conseguir un coyote es fácil: basta con que el cliente se pare entre la calle San Isidro y la plaza Viva Tijuana, para que caigan como zopilotes en liebre conejera. Todos dan garantías, todos prometen un paso rápido y sin peligro, y todos piden tres veces más de lo que están dispuestos a aceptar. No se sabe a quién atender. A mí me gustó un chamaco prieto que me aseguró dejarme en los mismos Ángeles y en la calle que yo quisiera. Con él, pensé, no me da miedo de ley ni de extraños. Se me iluminó decirle que le pagaba la mitad ahí mismo, donde hacíamos el trato, y la otra mitad en el sitio a donde yo iba, que todavía no era ninguno.

Hicimos el convenio y esa misma noche buscamos un hueco para el norte que hay en la Mesa de Otay. Era un pasadizo. No había peligro porque no había valla, ni muralla, y sólo de vez en cuando, me aseguró el coyote, la migra echaba un ojo como por no dejar de hacerlo. Era verdad, pero la suerte no estaba de mi lado porque al pasar la línea, nos alumbraron con una luz luminosa como de rayo. El coyote que nos llevaba a cinco, nos gritó:

—¡A perderse!

Me sentí como un soldado derrotado, aunque hubiéramos convenido que a la voz de alarma, cada quien correría su suerte. Así, como dijo Tony Aguilar: *¡Ahí nos vemos, chaparros!*

Cada cual salió por la punta de su estrella. Yo me tronché un tobillo y quedé como raíz de maguey. No podía moverme ni ver por mí. Una simple piedrecilla se me atravesó en el camino al otro mundo. Tuve que cobijarme con la quietud que dan el miedo y la noche hasta dejar que la migra se cansara de revolotear buscando *mojados,* que ahí no lo son porque no hay río que atravesar. Cuando volvió el sol a iluminar, salí. Estaba adolorida y quebrada de ánimo. Regresé a Tijuana porque el dolor no me dejaba andar. Pero si hubiera podido hacerlo sin dolor, a ningún sitio hubiera llegado porque sólo sabía que Estados Unidos quedaba adelante y que yo estaba detrás. Volví poco a poco, llevando de cabestro ese tobillo hinchado como barriga de perro muerto y asoleado. Dolía. Había perdido doscientos cincuenta dólares y me quedaba otro tanto. Era mi consuelo. Me felicité por haber hecho un buen negocio, hasta que un tiempo después entendí que había caído en una trampa. El negocio del coyote era dejar a sus clientes botados en el único lugar de la valla vigilado por la migra.

Comencé a medir calles en esa Tijuana. Que la Avenida Constitución, que la Avenida Madero, que el Bulevar Sánchez Taboada, que la *Revo.* Caminé por todas partes sin decidir si regresar o quedarme. En Tijuana hay siempre mucho bullicio, mucha gente en las calles. Los gringos mantienen ese pueblo alebrestado porque llegan a hacer lo que en su país no pueden hacer, o mejor, no saben hacer. Se emborrachan, gritan, no respetan a las mujeres ni a la autoridad de México, saben que nadie les pone talanquera; para ellos todos los mexicanos valemos poco y el dólar vale mucho. Son seguiditas las propuestas que una mujer sola oye por la calle;

yo las desoía y más si me las hacían los güeros. Ellos tienen la piel como los pavos, erizada y azulosa; pero, además, como los pavos, son orgullosos y altaneros. El que supo tratarlos fue Pancho Villa, que, dice el dicho, les quitaba lo *pantera*.

Me resultó empleo con una familia de cuatro hermanos y una hermana. Yo tenía que hacerles todo: darles de comer, asear la casa, lavar y planchar la ropa. El trabajo, como siempre, era demasiado para una sola persona. Yo estaba cansada, pero no quería acabar con mi capital, que era ya la mitad de la mitad de lo que había traído.

Una señora amiga de la patrona, que veía por todos, me invitó a trabajar con ella; pero para no disgustar con mi jefa, me propuso hacerlo en secreto, y en secreto me citó en el parque del Teniente Guerrero. Allá fui con todas mis cosas. Le había dejado una carta a mi patrona despidiéndome. Esperé desde las cuatro de la tarde hasta las diez de la noche a la nueva señora hasta que me di cuenta de que era inútil. Me dio miedo volver porque supuse que en la casa ya sabían que me había escapado, así que me hospedé en una residencia barata y sucia, de donde salí casada. Un vecino de cuarto me invitó a bailar a un club que se llamaba Alma de Convivencia y bailando, me enamoré. Yo no quería volver a la misma vida que había sufrido con mi cuñado, pero tampoco quería seguir como un moro sin señor de lugar. A mí, el chamaco no me gustaba y ni a mirarle la cara me atrevía cuando se pasaba a mi cama. ¿Para qué? Hacíamos el sexo con mi consentimiento pero no con mi gusto. Me llevó a vivir en Rosarito, una playa que no queda cerca de Tijuana cuando se tiene que tomar camión todos los días. Yo trabajaba en el Mercado Hidalgo vendiendo tacos. Él conseguía la materia prima, la harina, la carne, el tomate, los chiles, y yo cocinaba. Ambos salíamos a las seis de la mañana a venderlos en una esquina. No nos iba mal, pero las necesidades aumentaban más rápido que los clientes, porque quedé de nuevo embarazada.

Cuando las piernas no me dieron para cargarlas y cargar más encima al crío que ya se movía, tuve que coger cama. Un mes entero sin trabajar hasta que llegó José Isabel, mi segundo crío. A los cuarenta días estaba otra vez en la mesa amasando, en la hornilla cocinando y en la esquina vendiendo. José Isabel me acompañaba a todo y a mí me gustaba mirar cómo crecía. Lo que no podía soportar era al papá. Era trabajador, lo reconozco, y yo debería quererlo; pero siempre sentí que con él hacía yo un oficio y no tenía de dónde me saliera la gana. Comenzó a renacerme cuando a José Isabel le aparecieron los dientes. El marido se quedó con los tacos y yo me empleé en una imprenta para hacer volantes de propaganda; ayudaba a imprimirlos y luego me iba a repartirlos de mano en mano. Mis piernas se hinchaban con el peso del niño, que cada día era más gordo; el dolor no se compensaba ni con lo que yo hacía ni con lo que el niño comía. Una vecina me dijo que era mejor trabajar sentada en una maquila, donde además reconocían prestaciones y hasta a vivienda propia podíamos aspirar.

V

HICE LA SOLICITUD EN UNA MAQUILA DE COSTURA. No me hicieron exámenes ni nada. Me miraron las manos, me preguntaron si sabía coser, y cuando dije que sí, me señalaron mi puesto de trabajo en una mesa larga y angosta. Había cinco mujeres trabajando en el sitio y seis máquinas, faltaba yo. Ahí me sentaron. Nos repartían piezas: cuello y pie de cuello, canesú, espalda, delanteros, mangas, puños y bolsillo. Lo más difícil era pegar el cuello porque es una costura muy pulida, muy cuidadosa. Todas las partes venían ya cortadas, pero había que coserlas a máquina para fabricar las camisas. Yo le tenía práctica y hasta cariño a la aguja; había hecho costuras en una máquina de pedal. Pero las máquinas maquiladoras son eléctricas y muy rápidas. Daban miedo. Yo me veía los dedos traspasados por una aguja que subía y bajaba más rápido que mi atención. Mi tarea era coser las mangas de la camisa a su cuerpo; era difícil porque había que coser en redondo y yo sabía sólo de costuras planas. Mi torpeza atrasaba toda la línea. La primera de nosotras pegaba el pecho con la espalda; luego otra le añadía el cuello; a mí me tocaba coser las dos mangas. El trabajo era doble. Se necesitaba mucha práctica para hacerlo bien y por eso a nadie le gustaba ese lugar. A mí se me acumulaba la tarea y cuando me daba cuenta, tenía ya una montaña de camisas para ponerles las mangas. La maquiladora que me seguía en la línea, no podía poner los botones antes de haber yo cosido las mangas. La compañera de los botones dependía de mí, como yo dependía de las otras compañeras. El trabajo rendía cuando todas nos sentíamos una sola.

Al principio me hacían bromas, luego vinieron las miradas del qué hubo, y por último las malas palabras. Yo lloraba y cosía porque las manos no me daban y porque las compañeras no consentían mi torpeza. Era muy duro. Regresaba a mi casa sin ganas de ver a José Isabel, que ya comenzaba a caminar y que dejábamos con una vecina. Nos cobraba por mirar el niño, la mitad de lo que yo ganaba. El trabajo era muy pesado no sólo porque yo no sabía manejar bien la máquina, sino porque el viaje en camión a la maquiladora duraba casi cuatro horas ida y vuelta. En la maquila había poco tiempo para distraerse. Nos daban dos descansos de diez minutos cada uno: a las diez de la mañana y a las cuatro de la tarde. También, cuarenta minutos para comer a las doce, hora en que sonaba una sirena tan aguda como las agujas que usábamos. Había estándares de producción, lo que significaba que cada mesa tenía que sacar al día, como mínimo, cien camisas. Era imposible, imposible. Pero donde el dinero manda, no hay voluntad que se le oponga. Mientras yo cosía una pieza, ellas cosían dos y hasta tres. Y lo peor: las chavas no protestaban contra el modo ni contra los estándares sino contra mí, que era una de sus compañeras. Las peleas y los odios entre nosotras se atravesaron para hacer de esa vida un saco de miedo. Pero no fueron esos odios los que me derrotaron, fueron los males de José Isabel los que hicieron que volviera a la venta de tacos y cambiáramos de vivienda.

VI

NOS FUIMOS A VIVIR CON LOS SUEGROS en la colonia Fontana. Al principio, como siempre, el entusiasmo: todos los parientes se corrían para darnos espacio. Teníamos sitio para poner nuestra ropa, nuestra cama; sitio para hacer los tacos y abrimos el negocio de *burritos*. Conmigo el negocio se hizo más y más grande, yo le dedicaba el tiempo que me pidieran las necesidades que nos apretaban. Compraba la harina, la carne, los frijoles, la papa. Hacía las tortillas con harina de maíz. Les ponía manteca, sal y el agua. Me gustaba tener todo el guisado listo desde la madrugada, y salir a venderlas calientitas. Salía a las siete de la mañana y batallaba por esos rumbos del aeropuerto, donde había muchas obras en construcción y por tanto, muchos trabajadores. A las once de la mañana ya tenía dinero en el bolsillo; en la tarde compraba todo lo necesario para poder trabajar en la madrugada. Ese quehacer me dejaba más que la maquila.

Si por ese lado íbamos bien, por el lado del suegro la vida se hizo imposible. Quizás por envidia —¿o quién sabe por qué?—, el

clima se fue dañando. Si el niño agarraba lo que no era —y lo agarraba todo—, se volvía un problema; si algo faltaba en la despensa
era porque nosotros lo habíamos usado, y si uno llegaba después
de las ocho de la noche, el suegro se disgustaba y amagaba con
no abrir la puerta. Yo estaba muy aburrida. Volví a sentir que in-
comodaba a todos, que era malvenida, que sobraba, y cuando yo
siento ese sentimiento que se mete en mi corazón, peleo conmigo.
Yo había hecho un cuarto pequeño en un rincón de la cocina para
hacer los burritos. Allí trabajábamos hasta el día que llegué y encontré todo lo nuestro en la calle: la mujer del suegro nos había
sacado de la casa. Yo pregunté la razón del desalojo, la causa del
atropello, y no recibí ni una palabra a cambio. Nos volteaban la
espalda y se metían en su silencio. Mi esposo no dijo nada, no re-
clamó, bajó los ojos al suelo y ni explicación pidió. Ese día se cayó
más abajo de donde tenía yo mis pies. Le pillé su cobardía y me
repugnó. No le importó José Isabel, no le importó nuestra suerte
ni el trabajo que ya teníamos hecho y ganado. No lo miré tampoco. Recogí mis cosas y a mi hijo, y salí a buscar dónde meternos.
Lo que no pude llevarme, lo regalé. Pero más tardé en dejarlo que
él en seguirme.

Conseguimos un sitio para vivir en una colonia de la Mesa
de Otay, la misma zona por donde había tratado de meterme al
Norte. Es una colonia muy poblada. El que llega a Tijuana por
ilusión, llega a Otay por necesidad. Las gentes se apeñuscan unas
encima de otras, cada metro cuadrado de espacio tiene vivientes y
propietario. Una señora nos dio permiso de vivir con ella a cambio
de trabajarle haciendo churros. En una esquina de su casa, levantamos una carpa con latas y cartones. Teníamos derecho al agua y
al baño. La señora hacía la masa y fritaba los churros, yo los empacaba en bolsas de papel y salíamos a venderlos por la carretera que

lleva a Tecate. La ganancia apenas nos daba para comer. Vivíamos muy limitados. José Isabel ya iba a la escuela y cada día tenía que llevar una cosa nueva.

Mi marido no me ayudaba, pero tampoco se soltaba de mis naguas. Como poca atención le ponía yo, le brotaron celos. Me celaba, y dio en pensar que yo tenía amores con el marido de la señora que nos había admitido. ¡Eso ya era demasiado! Cargar un hombre que le da miedo trabajar, que es cobarde y más encima celoso, es un bulto imposible de llevar a cuestas. Me escapé de mi marido. No quería volver ni a oírlo mentar. Cargué a mi hijo, y una tarde salí sin decir ni adiós ni hasta luego. Yo sola sabía salir adelante, él era el peso muerto que no me dejaba mover. Con él no podía defenderme de la vida.

Nos sentamos con José Isabel en una banca de la estación de camiones. No era que yo fuera a viajar porque no tenía destino, sino que no la cerraban de noche y no era tan fría como un parque. Corría el mes de febrero y el viento de invierno soplaba contra el sur. En la estación tiritábamos porque habíamos sacado de la casa solo la ropa que llevábamos puesta. Un señor nos miraba. Nos miró muchas veces. No era hombre de amores, pues ya no era joven ni tampoco se le veía esa como juventud arraigada con que se defienden algunos viejos. Me invitó a dormir en su casa. No le paré mientes, pero el frío arreciaba y se hacía más negra la noche con la soledad. José Isabel ya no lloraba, dormía, pero a mí me daba pena verlo sin techo. Cedí, acepté la invitación y lo seguí despacio, como no queriendo llegar. El miedo me maniaba los pies, pero cuando llegamos y la luz abrió la casa, recobré la tranquilidad. José Isabel se despertó con ganas de comer. Estaba yo dándole una tortilla cuando apareció la mujer del señor.

—¿Y éstos? —preguntó.

—Me los encontré en su propia soledad, en la estación de camiones, y les dije que usted los acomodaba mientras decidían para dónde coger.

La mujer nos miró despacio, detallándonos como si fuera a comprarnos. Nos dijo:

—Bueno, pos si la cosa la ponen así, así toca tomarla —y nos llevó a donde estaba haciendo con sus hijas una tamalada para salir a vender al otro día—. Acomódese aquí —agregó—. Las hijas trabajan de noche; túpale usted con ellas, y ponga al niño a descansar para que mañana la deje ir a vender.

Fue así como quedé entre matriculada e invitada en aquella casa, donde tenía cama para mí y para José Isabel; una cama estrecha en que teníamos que dormir por turnos, porque si uno se movía arriesgaba con caerse al suelo. Él dormía y yo lo cuidaba y aunque nada le mandaba yo, él entendió que tenía que vigilarme el sueño sacándole el quite a mis movimientos. Haciendo tamaladas y tortas vivimos unos días. Ahorré la lana que me urgía para pagar el viaje en camión a Veracruz. Me había entrado otra vez la gana de regresar a mi tierra, y nos fuimos.

Mi papá estaba algo más viejo. Me dijo:

—Con hijo y sin marido no puede pisar mi casa —y me cerró la puerta.

No valieron ruegos ni lágrimas. No quise volver a donde mi hermana, así que caí otra vez donde la tía, que ya era muerta. Vivía mi prima. Yo no la conocía, y cuando nos vimos, no necesitamos decir quiénes éramos. Me abrió franca la puerta, y nos dio una alcoba con ventana y cama. No requeríamos más. Me puse a lavar ropa. Ropa sucia siempre habrá. Era un trabajo duro. Por la mañana recogía de casa en casa lo que hubiera para lavar y regresaba cargada; descargaba y comenzaba, pieza por pieza, hasta que las manos se me cuarteaban. Yo maldecía mis huesos, que no me dejaban ir más rápido. En la maquila no tuve ese defecto, porque el trabajo era seco, pero el agua saca del cuerpo mucho mal. Con lo que ganaba podía sostenerme con José Isabel, y así íbamos, viviendo y trabajando como a todos nos toca.

Conocí entonces a Vitelio y toda, toda mi vida se volvió otra. Yo lo había tratado cuando éramos niños, pero ahora éramos ya casi viejos y muy distintos. Por eso digo que lo conocí y fue como mirar por primera vez el sol; me enamoré. Me enamoré. Mucho me enamoré. Era hijo de una prima de mi tía, y trabajaba en el ferrocarril, lo que en Veracruz significa ser respetado. No sólo porque el tren ha sido la vida del puerto, sino porque los ferrocarrileros tienen un sindicato fuerte y muy poderoso. Más, digo yo, que la alcaldía. Veracruz come de lo que el sindicato logra ganar en las huelgas. El pueblo lo quiere y lo respeta tanto como a quien esté afiliado a él. Ha sido un sindicato muy independiente a pesar de estar en la Central de Trabajadores de México. Han sido grandes las peleas que ha hecho y ganado.

Con Vitelio me fui a vivir. Él tenía ya dos hijas, una mayor y otra menor que José Isabel. En un abrir y cerrar de ojos quedé de mamá de tres hijos, más mi primera, que quién sabe en qué andaría. Como él trabajaba, yo dejé de hacerlo y me dediqué a cuidar sus hijas y el mío. Fueron creciendo, y aunque yo trataba de cuidarlos a todos igual, los celos de las niñas se volvieron reproches del papá y el camino que abríamos se fue cerrando. Las niñas querían que sólo el papá las reprendiera y él fue cediéndoles el capricho hasta que yo me volví la empleada de la casa. Así no era posible. La amenaza cogió carne y hueso cuando yo, para evitar los malos entendidos y los disgustos, le hablé diciéndole que para bien de todos era mejor mandar a los niños a la escuela y que yo podía trabajar en ese tiempo y pagar a alguien que los cuidara mientras regresábamos juntos del trabajo; así él se daría cuenta de mi comportamiento con sus hijas y con mi hijo. Yo quería mostrarle que yo no era injusta, que yo era cabal con los tres y eso sólo podía hacerlo, si él estaba presente. Él no convino. Su malquerencia conmigo no era más que celos, celos de que yo saliera a trabajar.

—Dése de cuenta —le decía— de que yo me he sabido ganar la vida por fuera de la casa sin andar de cama en cama; que yo sé respetarlo y que yo lo quiero.

El disgusto fue grande. Duramos unos días sin hablarnos, pero una noche me embarazó. Yo sabía desde ese mismo instante que era la forma y modo de amarrarme, de no dejarme trabajar y al mismo tiempo de mantenerme mirando a sus hijas. Yo lo sabía, pero también sabía que andaba enamorada.

Llegó otro niño. Arcángel lo llamamos, Arcángel Serafín. Crecía hermoso. Era bello desde el mismo día en que lo alumbré. A las niñas se les agravó el mal y más y más celosas se ponían, no solo porque yo no tenía ojos sino para la nueva criatura, sino porque también el papá las descuidó. José Isabel terminó, como ellas, arrebatado de celos. Mientras más crecían los hijos, más se dificultaban las cosas. Todos los días había quejas, peleas. Vivíamos en dos habitaciones, una para el matrimonio y otra para los críos, que eran ya cuatro, cuatro boquitas.

Me fui aburriendo de tanto enredo y un día en que las niñas le quemaron las manos a José Isabel porque dizque les había robado una plata, el pleito se puso crudo. Vitelio cargó contra mí y esa misma tarde yo hice mi maleta, cogí de una mano a mi hijo propio y de la otra mano al de ambos. Tiré la puerta y a la calle fui a dar otra vez. La plata que saqué, me alcanzó hasta el Distrito Federal. Ahí a nadie conocía, pero yo tenía fe en que alguna familia me contratara, como vino a suceder. Era una mujer sola y rica. Nos encontramos en la casa cural de la parroquia de la Sagrada Familia, en donde me habían dicho que las mujeres ricas iban a conseguir empleadas domésticas. Fue una buena patrona, pero a mí México no me gustó. Es una ciudad demasiado grande, y por eso, tan pronto ahorré lo que necesitaba para seguir el viaje y llegar a una residencia en Tijuana, le di las gracias a la patrona.

Tijuana había crecido mucho. Las maquilas mandaban. Por la carretera a Tecate las plantas nacían y crecían de un día para otro. Lo que yo había conocido como lotes y baldíos, como fincas y colonias, eran ahora fábricas y fábricas, avenidas, alumbrado público y estaciones de policía.

Me enganché en una maquila de productos médicos. Empatábamos partecitas muy pequeñas para hacer *chips* o censores que, puestos en la piel de un paciente, detectan fallos en el corazón. Era un trabajo muy delicado y el control de calidad era por tanto muy rígido. La responsabilidad era grande porque cualquier alambrito —que eran como pelos— mal puesto, podía ser la muerte del enfermo. Nos lo decían y uno trabajaba asustado de ser la causa de la muerte de una persona. Los soldadores vivían muy *estresados* de que la gotita selladora de los pelitos no quedara bien puesta y gastaban sus ojos en ese paso. El trabajo lo hacíamos en mesas de cadena, o en equipos; el sellador era el más importante. A mí me tocaba ensamblar en un papel engomado lo que me pasaba la compañera, que eran cablecitos ya soldados. Todo debía quedar como hecho por Dios: bien acomodadito. Trabajábamos con la punta de los dedos. Se nos pelaban y entumían. Después de armarlo, el aparatito pasaba a revisión y por último se le ponía el sello de marca de la fábrica.

Tuve muchos pleitos. Todas las obreras teníamos la cabeza puesta en amores y el cuerpo envuelto en deseos. Muchas compañeras habían nacido en el campo y vivían asustadas con el ruido de la ciudad. Obedecían todo lo que les mandaban, y las mandaban a gritos. Si en la milpa manda el tiempo, en la maquila manda la velocidad. Había que hacer las cosas rápido, había que producir al ritmo que nos pidieran o si no, ahí estaba la puerta por donde habíamos entrado. Y uno con necesidades y niños y marido a cargo, ¿qué podía responder? Ahí voy, y diciendo y haciendo.

Por eso en la mesa nadie platicaba, y no era porque estuviera prohibido por el patrón; estaba prohibido por el ritmo que teníamos, es decir, estaba prohibido por nosotras mismas. La equivocación de una sola de nosotras acarreaba la equivocación de otra y de otra, de toda la mesa. Una equivocación era dinero. Y así, todas resultábamos siendo supervisoras de las demás. Uno entraba al equipo de la mesa y tenía que dejar afuera lo que uno era. Se volvía parte de una máquina que se movía sola, a su ritmo, o mejor, al ritmo que imponían las necesidades de todas, que eran grandes. No había tiempo de cerrar un ojo, ni de limpiarse una lagaña porque la compañera empujaba. Y lo peor, si un aparatito de esos era rechazado en el retén de calidad, todas perdíamos el trabajo que habíamos hecho.

Yo traté de pelear muchas veces porque nos trataban como a máquinas. Una vez grité que los dedos no me daban y boté todo el material al piso. No tardó el supervisor en estar encima de mí y obligarme a retomar el trabajo. Las compañeras estaban todas de acuerdo con el pelón y por eso ellas también estaban bravas conmigo y hasta me insultaban. Mi pelea les hacía perder tiempo, y por tanto dinero: a todas nos pagaban por pieza terminada y sellada. Mis peleas fueron cambiando. Si al principio el pleito era contra las condiciones en que trabajábamos, al final era contra las compañeras que no dejaban trabajar, o que eran lentas, o que tenían problemas y los llevaban a las mesas de ensamble. Así que busqué un empleo donde me pagaran más por lo que hacía. Haciendo aparatitos para el corazón duré dos años y medio. La lección fue grande: el corazón es una maquinita eléctrica y no el sitio de los amores.

Mis amores estaban ya muy lejos, y el presente era José Isabel y Arcángel Serafín. Ellos se terminaron de criar sin mí porque yo tenía que conseguir para comer, para pagar dónde vivir y para pagar quién me los cuidara. Esa era la verdadera rueda de la máquina que casaba con la otra, la de la maquila, y entre las dos iban apretándome y quitándome la vida. Era como si yo, con mi trabajo en la maquila, les quitara a los chamacos la vida que me ganaba trabajando. Aunque eso me rebelaba, terminé por verlo como mi obligación y la expiación de mis pecados.

Me fui a trabajar a otra maquila de nuevo en la Mesa de Otay. Era un buen trabajo, decía yo cuando comencé. Hacíamos cables de luz, y aunque yo no sabía qué era eso, el mero nombre me pareció bonito. No sabía lo que pensaba. Se trataba de juntar cables de distintos colores, en el mismo orden, en una terminal o cuchilla. Éramos siete en la mesa. Tres hacían una fila de colores: rojo, blanco y verde; y tres hacían los otros colores: amarillo, azul y negro. Yo era la séptima mujer. Tenía que meter los cables en su casa, la cuchilla. Me habían puesto de séptima por mi experiencia en manejar la velocidad, es decir, en hacer más que las demás. Ese puesto terminó de consumirme. No era dueña de mis manos ni de mis pensamientos y menos de mi tiempo.

Las compañeras me empujaban con sus cables de colores, con sus ojos, con su sudor, que empataban con el mío. El ritmo del trabajo era el de nuestras necesidades, con las que contaban los patronos, gente que nunca se veía, que no tenía cara ni cuerpo, pero que sabía hacernos obedecer a su ritmo, ritmo de otra necesidad que nos hacía trabajar. De ahí que hubiera tanto problema personal: mucha envidia, mucho celo, mucha rivalidad entre nosotras. Lo que mis compañeras de mesa ganaban, dependía de mí y yo no les podía pasar cable verde por cable rojo. Por esa causa, me cogieron entre ojos. Hasta un día en que apareció en mi *locker* un vaso con leche azucarada. Nos tenían prohibido meter en los *lóckeres* todo lo que no fuera nuestra ropa de trabajo y nuestra ropa de calle. La razón ni la supe ni la averigüé. Pero la prohibición era la prohibición. Y cuando apareció el vaso en mi *locker*, con él apareció el supervisor y me dijo:

—¿Y eso qué es, vieja fodonga?

—Pos nada, un vaso.

—¿Un vaso o una falta?

—Un vaso, ¿no ve?

—Usted sabe cuál es la prohibición y usted ha cometido un delito.

—¿Delito —dije yo— abrir y encontrar una cosa que yo no puse ahí?

—Delito porque apareció en lo que es suyo.

—Pos yo no lo metí, fue alguna por hacerme daño.

—Daño el que usted le hace a la empresa que le ha dado de comer.

—Mire —dije yo ya con toda la rabia en el cuerpo—: de comer es lo que yo les he dado a usted y a su patrono con mi trabajo.

Y no fue más.

Recibí lo que tenía que recibir, y a la casa fui a dar.

VII

Yo vivía muy estrecha. Los hijos estaban creciendo y pedían y pedían cada día más. José Isabel había cumplido ya dieciséis años y era un hombre con todo lo que los hombres tienen y sufren. Dejó la escuela porque ya sabía hacer lo que le enseñaban; tenía novias; salía temprano, volvía tarde. Poco nos veíamos. Yo le dejaba la comida preparada y, al otro día, el desayuno servido. Arcángel Serafín vivía por aquellos días, cuando dejé la maquila, con Vitelio, que había vuelto a casarse con una chamaca más joven que yo, lo que las mujeres siempre tememos y siempre nos duele.

Una vecina se me acercó una tarde en que yo regresaba como otras tantas tardes, derrotada, y me contó que José Isabel estaba metido en negocios de droga. La rabia primero y la tristeza después me envolvieron como reboso del mal. Sentí ese agrio sabor del fracaso. No podía aceptar que ese fuera el fruto de mi trabajo, de días y de noches, bajando la cabeza, gastando mi cuerpo y destrozando mi alma. No quise platicar con mi hijo ese día, y ni siquiera al día siguiente, porque la herida estaba sangrando. Sólo quería mirarlo y preguntarles a su cuerpo y a sus ojos, a sus silencios y a sus conversas, la razón de sus angustias. Pero un día, ya contra la pared, le pregunté:

—Hijo, ¿para qué sirve el sacrificio?

—Para nada, madre, para nada.

—¿A dónde cae el dolor?

—A un abismo.

—No estamos condenados de antemano al paraíso, hijo —le reviré—, pero tampoco al infierno.

—No la entiendo. No sé de qué habla, madre.

El coraje se me agolpó en las manos. Lo agarré por la camisa y le grité:

—¡Burro! ¡Eres un burro! ¡No te falta sino envenenar a tu hermano!

—No sé, no sé, no sé nada —contestó.

—Y la droga que compras para vender, ¿crees que va a salvarte del dolor de vivir, de trabajar, de ser un hombre decente? Vete —le dije, y lo empujé contra la pared.

Sin trabajo, adolorida y con obligaciones, pensé en regresar a la casa de mi padre. Él, fuera quien fuera, no dejaba de andar conmigo en mi cabeza, y más los días de soledad y de abandono. Deambulando entre pensamientos y tristezas, me crucé con una compañera de trabajo que había conocido en la maquila de productos médicos. Platicamos un rato, como si nada nos estuviera pasando, y entonces me contó que se podía trabajar al otro lado y que no era difícil conseguir el permiso. Pero como a mí se me había cerrado esa puerta, nunca más volví a pensar en pasar al Norte. Sucede a veces que uno cierra una puerta y nunca más cree que pueda volverla a abrir. No fue el caso. La acompañé con temor a la aduanilla, hicimos fila, preguntamos, nos informamos, y al final, después de mil enredos para conseguir unos papeles que nos permitieran trabajar de lunes a viernes, llegamos a San Diego un 24 de febrero. Un hombre viejo, achacoso y faldillero, me contrató para mirar por él durante la semana. La soledad es mala consejera y mata, y aunque yo poco le entendía su lengua, él encontraba caminos para decirme lo que necesitaba, que era todo y nada al mismo tiempo. Yo hacía lo que pedía, y dormía en su casa, en la alcoba de uno de los hijos, que nunca venía a verlo. Los gringos viven llenos de cosas, hasta que las cosas los van arrinconando en rincones de soledad. Yo cobraba mi lana los viernes y regresaba a mirar crecer la casa que estaba construyendo, o mejor, cambiando las cartoneras por muros de ladrillo. Recobré a Arcángel, al que ya por aquellos días le salía el bozo. Dos años viví en aquel trajín de ir y venir, de mantener la boca sellada y de cobrar mi sueldo el fin de la semana. Hasta el día en que el anciano se enfermó. Llegué un lunes a trabajar como siempre, pero el mister ya no estaba. Una ambulancia, me contó la muchacha de la vecina, se lo había llevado. Nunca supe por qué. Yo lo esperé dos días y viendo que no regresaba, cerré la casa y regresé a la mía. Quizás —me dije— ya no esté yo en la lista negra de las maquilas.

El quizás salió cierto. Me contrataron en una empresa que hacía el cableado para consolas de automóviles. El supervisor me dio un tablero de madera donde estaban pintados los cables de colores que debía unir, y los calibres de los cables que debía trenzar. Era un mapa con rutas que llamaban circuitos. No fue fácil. Los colores me daban vueltas entre los ojos y a veces se me confundían de tanto mirarlos. Los calibres también se volvían esquivos y se comenzaban a parecer unos con otros. Pero con la atención puesta en la red de colores y calibres se armaba el arnés y al final se comparaba con el tablero que me había dado el super. Al principio cada una hacía todo el trabajo de cada arnés y luego otro equipo organizaba los arneses en la consola. Los dos equipos ganábamos por consola que hubiera pasado el control de calidad, aunque luego mejoraron el sistema y pusieron el *rotary,* una mesa giratoria en que trabajábamos veinticinco personas. Cada una tenía doce segundos para hacer la operación que le correspondía. Los tiempos y el movimiento estaban calculados por los ingenieros, y eran exactos. Cada obrera hacía un trabajo y el *rotary* se lo pasaba a la siguiente. No había escapatoria. Mientras unas *ruteaban,* otras *tripeaban,* y otras, por fin, *corbateaban.* Nos cambiaban todos los días de tal manera que uno aprendía a hacer cada oficio. Así, si alguna operaria no iba a trabajar, era reemplazada por otra, y siempre había un par de maquiladoras en la puerta esperando poder reemplazar a la ausente. Se trabajaba muy rápido porque había estándares que se debían cumplir, pero de todas maneras eran ocho horas seguidas paradas frente al *rotary*. Sólo nos daban descansos de dos minutos cada dos horas, hasta que batallando logramos que nos dieran cinco minutos.

Claro está que aprendimos a defendernos del ritmo con que debíamos trabajar y que va quitándole a uno hasta el pensamiento. En el *corbateo* se pegaban unos cables con una cinta aislante negra, muy pegajosa, y como venía ya cortada, podíamos pegar trozos en el delantal que nos daban. Se iban pegando y pegando, hasta que había suficiente y entonces se hacía con esas cintas una bola. Era un movimiento muy rápido que nadie veía, aunque todas sabíamos. Cuando la bola estuviera lista se soltaba en el engranaje. Era difícil saber si la bola la habíamos botado nosotras porque la máquina sola iba pegando sobrantes de cinta. Pero el resultado era nuestro descanso. Mientras el monitor venía, miraba qué había sucedido, llamaba a los mecánicos y éstos desarmaban el *rotary* para sacar la bola, pasaba media hora. No se hacía todos los días, pero lo hacíamos muchas veces cuando ya estábamos rendidas de cansancio. No había delatoras. Delatar a otra era un pecado grave y peligroso. Si a una la corrían por culpa de otra, ésta esperaba a su enemiga en la puerta de la planta y le encajaba un par de trompadas. Nadie, o muy pocas, se atrevieron a ser delatoras. Las maquilas son como una máquina de engranajes. Abajo —en el piso— estábamos nosotras, las operarias; más arriba, los monitores o jefes de línea, que eran —y son— escogidos porque nunca dicen que no a nada, pero siempre hablan de "nuestra empresa", "nuestra producción", "nuestro propósito". Eran incondicionales. Si al *súper* le daba por que trabajáramos paradas en la cabeza, ellos lo aceptaban. Esos hijos de la chingada iban ganados por los patronos con los BER, Bonos Extraordinarios de Rendimiento. Más arriba de los monitores están los supervisores, y sobre ellos los jefes de personal, de producción, de rendimiento. En la corona estaban los gerentes, los reyes. Muchos eran norteamericanos, pero hoy día ya son en su mayoría mexicanos. Ganan más que un presidente municipal. Ganan primas de rendimiento. Por ejemplo, si son varias maquilas del mismo tipo en la ciudad y la planta que gerencia el tipo produce un diez por ciento más que otra, le dan carro nuevo, apartamento, y a veces, hasta les pagan el colegio a los hijos.

Las protestas eran muchas, y de algunas salíamos ganando. Una vez, el departamento de rendimiento dio por ponernos a oír música de semana santa, con la idea de reducir el estrés. Pero las mujeres, casi todas jóvenes y con amores de por medio, querían rancheras. Se hizo una huelga porque nos estaban volviendo locas con aquellos violines lejanos, aquellas trompetas desgarbadas que tocaban una música que nadie conocía y que no podíamos tararear. La huelga fue de varias horas, pero los pedidos de arneses eran muchos y las grandes fábricas pedían y pedían a diario y sin descanso lo que nosotras sacábamos. Por eso les quedaba más barato y les salía mejor darnos gusto que pleitear. Por fin una mañana, nos cumplieron lo que nos prometieron y Vicente Fernández y el Potrillo, su hijo, volvieron a oírse en toda la maquila. El silencio no era obligatorio, pero cuando alguien abusaba de la palabra, y eso afectaba el movimiento del *rotary*, el *súper* llegaba gritando y callaba a la compañera a las malas. Había muchas pláticas en voz baja, porque eran muchas las horas paradas en la línea. Se platicaba de lo que se había hecho en el fin de semana, o de lo que se iba a hacer; de lo que se era o de lo que se quería ser. Pero uno se cansaba de hablar y volvía a callarse.

El reglamento era muy severo: no se podía fumar, no se podía abandonar el área de trabajo, no se podía usar collares ni cadenas; el pelo debía estar siempre recogido o usar malla para evitar accidentes. Compañeras que se agachan, y la máquina les arranca el pelo de raíz, las orejas, los dedos. No todos los accidentes eran limpios, había algunos buscados. La gente vivía tan asimilada a la máquina, a la cadena, que terminaba despreciando la vida. Una compañera que venía rindiendo cada día menos, que se veía afligida por la rutina, le metió un día el dedo a una maquina cortadora y la cuchilla se lo cortó de tajo. Le compraron el dedo por diez mil pesos. Pero de todos modos la corrieron, porque los jefes sospecharon el embuste; querían mostrar también que los accidentes a conciencia no son buen negocio para las operarias.

Sobre uno había todo el tiempo vigilancia. Las empresas tenían mil ojos lambiches y ellos amedrentaban y obligaban. A una operaria que cogían entre ojos platicando mucho o platicando contra la empresa, contra el *súper*, no más la llamaban y le decían: "Pase a hablar con el licenciado". Cuando eso mandaban, ya uno estaba corrido: el abogado le mostraba los videos de lo que había hecho o había dicho. No se podía renegar, y entonces le hacían firmar un papel de retiro voluntario. Casi siempre el licenciado estaba acompañado del jefe del sindicato, y siempre, siempre, este par de malinches tenía la misma oficina. Ambos eran empleados de la maquila y a ambos les pagaba la empresa. Uno no sabía que estaba afiliado al sindicato hasta ese momento, hasta que el dirigente sindical le aconsejaba firmar "para que no hubiera más problemas". En todos los sitios de la planta uno ve cámaras de video. Hay un *súper* que sabe dónde está cada operaria, qué debe hacer y qué hace. Las cámaras están hasta en los baños. Dicen que es para evitar que usemos drogas para trabajar, pero la verdad es que a nadie corren por usar drogas. Y mucho se usan. Las principiantes fuman marihuana, pero poco a poco las trabajadoras comprenden que son mejores las drogas duras, la cocaína, las anfetaminas, drogas que ayudan a cumplir con los *estándares* y que hacen posible superarlos; la anfetamina, por ejemplo, permite que se haga un movimiento de diez segundos en tres. Esa diferencia se ve al final de la semana y uno ha ganado en vez de cien, ciento cincuenta, y la droga le ha costado diez. Se hace por necesidad y los jefes lo saben y lo aceptan, aunque siempre se haga todo en silencio.

Yo al principio salía de la planta a comerme un *burrito* en la avenida. Pedía mi burrito y pagaba los veinte pesos. Pero había compañeras que daban billetes de cincuenta y no les devolvían ni un peso. Yo vivía con la pregunta en la boca y la curiosidad en la cabeza. ¿Por qué no dan vueltas? Si son veinte, deberían devolver treinta. Hasta que una amiga se rió y me mostró las papeletas. Usaba drogas para trabajar, y claro, hacía mucho más de los estándares. Más aún: los imponía, de suerte que la que no usara droga quedaba retrasada y al final la corrían por "bajo rendimiento". Era buen negocio para la maquila. Lo que sucede a la larga es que los estándares aumentan. Tan pronto los jefes de producción ven que hay mujeres que pueden hacer más y que hay varias que logran romper los *estándares*, suben la meta, y así las ganancias de uno disminuyen y las de la empresa aumentan. No hay compensación. Más claro: hay *monitores* que venden la droga. Quizás no lo harán con la autorización, pero la venden.

Las cámaras se ponen para mirar otras cosas, para obligarlo a uno a hacer lo que mandan; demorarse poco en el baño, no hablar mucho, no discutir las órdenes. Hay mujeres que negocian las ór-

denes con los monitores, los jefes de línea, los supervisores. Hay
reglas que pueden no cumplirse si uno es amigo del jefe. Y ahí se
da una cosa y la contraria. El jefe puede acosar y hacerse el de la
vista gorda, obtener favores a cambio de amores. Son favores pequeños: no hacer la fila para marcar la tarjeta, no usar bata, salir
a fumar. Pero todas estas reglas tienen excepciones, y las excepciones, precio. La regla que no tenía excepción era la de la temperatura. El clima en Tijuana es frío, muy frío en invierno o muy caliente
en verano. Las que somos *jarocha*s, nos vemos afectadas por el frío
así llevemos aquí en el norte mucho tiempo. No lo sabemos sentir,
no lo sabemos soportar. Para nosotras el frío es la muerte que llega,
por eso se dice cuando se tiene mucho frío que a uno "se le trepa
el muerto". Para calmarnos a todos, siempre la planta está a una
sola temperatura todo el año, pero es un clima que uno no sabe
de dónde sale, aunque vea los ventiladores botando frío en verano
y calor en invierno. Es un clima que agobia, que da como un cansancio que se mete entre el cuerpo y que no quiere salir nunca. Al
principio yo creí que eran mis huesos, pero al fin entendí que era
ese aire cargado de trabajo, ese aire mezclado de temperaturas lo
que me agobiaba. Yo me sentía derrotada por ese clima. Me sentía
caliente, caliente. Yo creía que eran ya los calores. Pero hacía cuentas y no me daba. El sofoque venía de afuera.

    El aire malsano fue lo que me llevó a la desgracia. Yo vi que
el *súper* que vigilaba el cuadro donde yo trabajaba era un hombre
duro. Muy rígido por fuera y, como ya conocía de hombres, sabía
que era débil por dentro. Di en buscarlo con la mirada, y en pe-
dirle permiso para salir a tomar aire, y él aprovechaba para platicarme y hacerse mi amigo. Para mí esa bocanada de aire fresco era
obligatoria para trabajar; en ese aire pesado que parecía usado, yo
no podía respirar. Sospeché para dónde iba la amabilidad del *súper*

conmigo, pero nunca que el cambio de "aire por plática" se iba a volver en obligación de irnos a la cama. Él así lo quería, y cuando yo lo rechacé me cogió entre ojos. Un hombre débil rechazado y con poder es un enemigo mortal. Más peligroso que un *coralito en escalera*. Un día le dije:

—¿Cómo se le ocurre que me vaya a meter entre las cobijas con un hombre que no me gusta?

Él me la sonó:

—Ya las verás.

Me negaba todo permiso, toda licencia, me exigía más y más trabajo, hasta que un día fui donde el jefe de personal y puse la queja.

Al día siguiente me llamó el sindicato y me aconsejó no "armar rebeldías". Después me llamó el licenciado y me advirtió:

—Está todo grabado. Usted vende su cuerpo; es mejor que acepte, firme, reciba su dinero y se vaya a las buenas.

Me negué. Les dije:

—No, no. No voy a aceptar lo que el *súper* ha hecho conmigo como si yo lo hubiera hecho con él. No.

El licenciado volvió a decirme:

—O toma lo que es suyo o lo deja. Desde mañana tiene prohibida la entrada a la planta.

—Pues mañana veremos —les grité.

Yo tenía la esperanza de que las compañeras me apoyaran y que pudiéramos hacer una huelga, un paro, una protesta. Me sentía en mi derecho. Por eso, al día siguiente, llegué una hora antes y me paré en la puerta a platicar con las compañeras, a hacerles ver la injusticia que querían cometer conmigo, a hacerles ver que en ese clima no podíamos trabajar, a hacerles entender que nos trataban como animales. Algunas estaban de acuerdo. Otras no. Cuando llegaron los jefes la mayoría me dio la espalda y poco a poco quedé sola. Se iban sin mirarme, mirando al piso, recogiendo sus palabras y sus miradas. Yo seguía gritando y gritando. Hasta que llegó el jefe del sindicato con una patrulla de la policía, me empujaron entre *la bola* y al cuartel fui a dar. Me advirtieron:

—Vuelve usted a la lista negra de todas las maquilas de Tijuana y de la frontera.

No dijeron más. Ni una palabra. Quedé en libertad. La libertad de buscar trabajo. Me presenté en muchas, diré que caminé de arriba abajo todo el *parque maquilero*. Nada conseguí, en toda maquila decían que sí, mientras consultaban la lista negra. Luego me miraban como a un delincuente y me botaban la puerta en las narices.

Después de muchas lágrimas decidí regresar al lado de mi padre. Ya mis hijos habían volado, ninguno vivía conmigo. Lo sentí en el corazón, pero también pensé que mi soledad me ayudaría. Regresé despacio. Llegué como arrastrando el peso de mis huesos. Golpeé en la puerta. Nadie me abrió, nadie me contestó cuando grité:

—¿Padre, está usted?

Ni un grito, ni un gemido, ni un suspiro. Mi padre había muerto.

3

EL PORMENOR

I

Pagué dieciséis años y medio en prisiones federales de los Estados Unidos por un crimen que nunca cometí porque uno borracho es otra persona. Cuando abrí los ojos y volví a sentir el cuerpo que usó el borracho, creí volverme loco. Es lo que le alegaba yo al juez.

—Señor juez, yo no fui; fue el otro, el que tomó cerveza, el que tomó tequila, el que se creyó en sano juicio; es ese el que debe estar aquí, no yo. Soy inocente.

Mi mal estaba en que el que había matado borracho usaba el mismo cuerpo que yo, y no podía liberarme de él. Él era mi verdadera cárcel, mis barrotes, mi desgracia. Porque él fue el que esa noche se rió de la comadre Etelvina, se burló de ella cuando nos dijo:

—Muchachos, no se vayan así de borrachos que les va mal. Así ustedes no son ustedes. Quédense, descansen, duerman y mañana de madrugada se van, cuando la claridad los ilumine y puedan saber para dónde van.

El borracho no oye y no ve sino lo que le gusta; el alcohol se bebe para darse gusto, para dejarse hacer, para desmandarse. Y esa noche el alcohol se había posesionado, era el que mandaba y nos mandó irnos a otro bar donde nadie nos dijera qué debíamos hacer. Dona Etelvina insistió y hasta nos lloró y nos escondió las llaves del carro, pero los borrachos son astutos y las encontramos, nos montamos todos en el coche cantando *Pero sigo siendo el rey*. Estábamos borrachos como muchas veces, y como tantas, nos gustaba amanecer en el Siete Penas.

Para allá íbamos, y sólo hasta ahí recordé, porque lo demás no eran recuerdos, eran la vida viva: dieciséis años de cárcel. Yo pasé de la salida del bar a la camilla del hospital, donde me despertaron.

—¿Qué pasó? —pregunté todavía sonso del golpe—. ¿Por qué ando aquí amarrado?

Nadie me respondía. Veía pasar enfermeras y médicos, gente de bata blanca; nadie me miraba, nadie me hablaba, todos hablaban inglés. No había nadie que me ayudara a entender. No hablaba inglés porque llevaba muy poquito tiempo en esas tierras donde recogíamos repollo y cebolla, donde sólo nos entendíamos los que hablábamos en mexicano. Lloraba pidiendo que alguien me dijera la causa de estar bocarriba en una camilla, amarrado con esposas y grilletes a un tubo. ¿Por qué —me preguntaba yo— andaba con el cuello enyesado, y con la espalda ardiendo? Yo no recordaba nada porque había sido otro el que había entregado las llaves del carro a un amigo, y otro el amigo que se había estrellado antes de llegar al Siete Penas. Lo cierto es que sin poder aclararme qué había sucedido, tenía que responder por cinco muertos. Dos amigos, y tres gringos. Matar un gringo es matarse a sí mismo, es condenarse a muerte y más si uno es mexicano, latino o negro. Eso fue lo que hice sin haberlo hecho en mis cabales sentidos. Fueron tres gringos los que echaron a mi cuenta, sin recabar que venían también borrachos y que según dicen los testigos que vieron el accidente, fueron ellos los que se echaron en nuestro camino. Pero ellos eran gringos y nosotros mexicanos. Mi delito fue haber entregado las llaves de un auto a mi nombre. Yo no iba manejando, mi amigo manejaba; mi delito fue confiar en otro borracho. Me condenaron a dieciséis años.

Quedé muerto y sepultado desde que el juez me tomó la declaración en el hospital sin que de la camilla pudiera moverme, porque el golpe me quebró la columna vertebral y el cuello. El juez llegó con un traductor y me mandó decir con él que confesara:

—Usted es culpable de homicidio en la persona de tres norteamericanos y ese crimen se castiga con la pena de muerte.

—Bueno —dije yo—, así me acaban de matar porque quedé a medias.

Cuando me llevaron a escuchar la sentencia al juzgado, en camilla y atado a ella con esposas como si no fuera suficiente mi parálisis, el juez dijo: "Cadena perpetua". Más tarde revisaron el caso y, todavía amarrado a la camilla, me dieron treinta y cuatro años completos. Tenía apenitas cumplidos los veinte. A esa edad pensar en treinta y cuatro años de cárcel, quiere decir que uno vuelve a la libertad siendo viejo. Mejor dicho, otra persona. Lo que más me escocía era la injusticia, porque yo no había matado a nadie. Me daba golpes en el pecho, pero nada podía hacer.

Había llegado a Pittsburgh desde La Paz, Baja California, habiendo nacido en Bocas de Salado, donde crecí y me hice hombre. Mis padres vivían de un changarro para turistas, o para decirlo mejor, de los gringos que iban a comer barato y a mirar ballenas. Ellos se divertían y nosotros comíamos. Fue mi tío el que me alborotó la vida con sus sueños de Norte. Me decía:

—Al otro lado todo es mejor. Fíjate que allá hasta el más pelado tiene un auto, un televisor, un apartamento. Y todos, hasta las mujeres, tienen trabajo.

Yo me veía ya en un convertible amarillo como el de unos turistas que llegaban al pueblo a escapar del frío. Soñaba con ese automóvil. También con tener un televisor sólo para mí, un aparato que pudiera manejar a mi gusto sin esperar a que don Julián, el dueño del bar, cambiara de canal y nos dejara ver *Las calles de San Francisco*. Don Julián sólo aceptaba si le pagábamos en lana o en pescado. Por esa televisión llegaba el Norte, y nosotros comenzamos a mirar sólo al Norte.

Salimos con mi tío hasta Cabo San Lucas diciéndonos que, si no encontrábamos aunque fuera una muestra del Norte, nos regresábamos. Allí había huellas: turistas ricos que nos pagaban por cualquier embeleco el doble o más de lo que recibíamos en Bocas de Salado. Por eso pensamos que si allí los güeros eran tan generosos y pagaban tanto por cualquier cosa, en el mero Norte, donde tenían la mina, debían ser más sueltos. Diciendo y andando. De San Lucas a La Paz por ese desierto largo que sólo una vez había yo atravesado de lado a lado. En Santa Rosalía nos embarcamos para Guaymas en un carguero de cerveza y de ahí saltamos a Nogales, por donde entramos sin que nos pidieran papeles. En esos días existía el Tratado de Brazos que nos daba derecho de ir a trabajar a Estados Unidos.

En Nogales nos entrevistamos con un amigo de mi tío que nos conectó directo con un intermediario, un tal don Chepe, que fue el que nos enchufó con los plantadores de lechuga de Butler, en el corazón de Pittsburgh. Allí trabajamos un año. La faena era dura porque la lechuga hay que cultivarla acurrucado, y las piernas se entumen al principio. Nuestro trabajo no era arar la tierra, porque para eso los plantadores tienen tractores; tampoco regarla ni aporcarla. Nos necesitaban para desyerbar los surcos y recoger las matas. Había que hacerlo con suavidad para no estropear las hojas, que deben llegar enteras, verdes y muy frescas al mercado. La recolección se hacía en las madrugadas. Desde las cuatro de la mañana comenzábamos a recoger y a empacar en cajas de plástico, una por una, y luego en cajas para cajas, y así, de caja en caja, hasta el camión *freezer* que las llevaba a los intermediarios. Así, como dicen, "con atolito fuimos sanando".

Después trabajamos otro año en los naranjales y almendreros de Utah, un Estado muy ordenado, donde casi no había iglesias católicas y por eso a los mexicanos, que siempre buscamos la protección de Santo Toribio Romo, el patrono de los migrantes, no nos gusta mucho. De Utah saltamos al año siguiente a cosechar cebolla a Port Allegheny, en Pensylvania, una región fría y plana donde los latinos sufrimos mucho, porque allá lo güero es lo güero y el güero manda. "Ahí no más, chicharrones truenan". El trabajo de la cebolla es muy ingrato para los trabajadores rasos, y no sólo porque se paga poco —diez dólares la hora—, sino porque no les gusta el olor a pesar de que se la comen con todo.

Vivíamos cinco hombres en una pieza muy pequeña, y a ninguno nos daba gusto llegar ahí. Por eso siempre íbamos primero a echarnos un par de mezcalitos antes de meternos a la cama, que era el único mueble que cabía en la habitación. Ni televisión podíamos tener. Los viernes por la tarde comenzábamos a darle a la botella y no parábamos hasta el domingo por la noche, porque la vida en el Norte es dura. Ninguno de nosotros tenía mujer. A las nuestras no las llevábamos porque el trabajo que se encuentra para latinos es muy sucio y es sólo para varones; las mujeres güeras poco se mezclan con nosotros, y las putas cuestan todo lo que uno gana. Muchos no vuelven a saber de mujer hasta que se regresan a México. Se arriesgan a pasar la frontera hacia el sur, por la falta de mujer. Mi caso fue grave, dos años trabajando en plantaciones y luego dieciséis años en prisión, que fue la pena que al final me dieron. Sumados fueron veinte años en que no supe lo que es una mujer mexicana. Ni una sola. Ni siquiera su olor. En el Norte, a cambio de mujeres, uno puede tener televisión para verlas y carros para pasearlas en sueños cuando uno se emborracha, o puede también mirarlas desde lejos en las esquinas. A la única mujer que vi en Allegheny fue a Etelvina, que era chicana y me comprendía, pero tenía marido gringo, y los gringos a todo lo que tocan le sacan título de propiedad privada.

La noche del accidente —porque fue un accidente y no un crimen—, ella nos rogó que borrachos como estábamos no nos fuéramos a ir porque era muy peligroso. Yo no le hice caso y le entregué las llaves a Nicanor, para que él nos llevara al Siete Penas. Ahí uno se topa con los meros, con su propia raza y eso da valor y uno vuelve a sentirse platicando con gente; a sentirse bien acomodado en su cuerpo, y mejor acomodado si a eso le mete unos taquitos y los riega con mezcal. A los gringos les gusta un *bourbon* de maíz que pela la garganta. Esa noche habíamos comprado unas botellitas de mezcal. Bueno estaba. Tomárselo es vivir, respirar por la garganta lo que uno es y seguir por los caminos que hacen en las tripas los recuerdos de la tierra. Uno se siente seguro cuando bebe, como si nada pudiera detenerlo. Ni la migra, ni la *police*, ni las luces rojas. Uno se siente dueño del mundo. Es el consuelo que queda después de esa vida tan azarosa que toca vivir por allá en el Norte.

Yo llegué a Allegheny enviado por mi contratista:

—¿Quieres conocer el norte del Norte? —me preguntó.

—Yo sí, ¿por qué no? —le contesté—. ¿Qué hay de bueno para hacer por allá?

—Bueno, pues allá estarás más cerca del puro norte que se llama Nueva York.

—Vámonos, pues —dije.

Y me fui a trabajar con cebollas, y a encontrarme con la suerte que el destino me fue tejiendo. El convenio con los intermediarios cuesta, cuesta dinero.

II

LOS PRIMEROS MESES DE PRESIDIO los pasé en el hospital sin poder moverme de una cama, siempre custodiado y siempre esposado. Esposado como si yo hubiera podido volarme de ese lugar con el espinazo roto y el cuello fracturado, y para redondear el cuadro, sin hablar inglés. Yo apenas sabía decir *yes* y *please*. No abría mi boca sino para comer. Y eso porque sentía que la debilidad me roía el cuerpo como los ratones se comen los rejos. La comida americana es para uno mexicano casi como el hambre. No se le encuentra gusto y así, uno no come, y si come, no alimenta. Salsas simples, medio dulces y sin chile; carnes sin manteca, y hortalizas que uno no conoce y que ni siquiera son verdes; son alimentos que enfermaban con sólo verlos. Yo le rogaba a la enfermera:

—Señorita, tráigame por amor de Dios un chile.

Pero ella no entendía esa palabra, que es para nosotros la vida. Sin chile no hay vida y sin Dios no hay para qué vivirla. Yo no sé cómo los güeros se han dado tan grandes y tan fuertes. Fuerza que no les sirve sino para llevarse a todo el mundo en sus cuernos. A ratos pienso que son así por esas carencias.

A mi lado, en el hospital, había un gringo que se moría todos los días, o mejor, todas las noches. Comenzaba a agonizar a la madrugada, pero se aliviaba con la luz del sol. Era verano y la claridad entraba muy de mañana. Si hubiera sido invierno, de seguro ese hombre se muere de agonía. El invierno mata de pura oscuridad. Nosotros no sentíamos frío allá donde estábamos, pero se sentía que la pelona daba rondallas cuando la luz se volvía gris y se adelgazaba hasta irse. El hombre había estado en la guerra. Nunca le entendí en cuál ni falta hacía, peleando ellos tantas y tan seguidas. Pero nunca se le veía rezar a sabiendas de que a la madrugada entraba en agonía. Yo lo encomendaba a la virgen de Guadalupe y sé de cierto que fue ella la que no lo dejó morir tan pronto. Porque unos días después de que lo sacaron del hospital rumbo a la prisión, murió. Murió de verdad. Lo supe porque el abogado mío, que hablaba chicano, me lo contó el día que me trajo las fotos del accidente donde se veían los cadáveres de los gringos ensangrentados y tirados a la orilla del camino. De los mexicanos, ni rastros. En otra fotografía se veía a mi socio, el chofer, llorando contra el timón, y a mí, preso entre los fierros del carro. Porque así quedé: preso. Sin más. No se necesitaba, digo yo, ni juez. Quedé atrapado. Y bien atrapado. Pero entre más atrapado me sentía, más miraba yo esas fotos hasta conocerlas como se conoce uno sus propias manos: sabía dónde estaba cada parte del cuerpo de cada quién y también cada pedazo de metal de cada carro.

No obstante el dolor, peor que el hospital fue el presidio. Llegué cuando me quitaron el yeso del cuello y me trasladaron a una silla de ruedas. Manejar ese carrito es muy difícil, sobre todo porque a mí me fallaba la fuerza en esos días. No podía hacerme obedecer de las ruedas con las manos, porque no tenía cómo. Donde me dejaban, ahí quedaba inmóvil. Dependía de otros compañeros para trasladarme de un lado a otro. Entre la celda y los patios me llevaba otro preso autorizado por el penal. Aprendí a *congelarme,* es decir, a ver las cosas sin moverme.

A poco me fui mejorando, y entendiéndome con otros penados. Me resigné a pagar los dieciséis años. En la cárcel me topé con otra realidad: la arbitrariedad de la ley. A uno lo meten por violar la ley, y en los penales lo que no hay es precisamente ley. O mejor, los guardias la hacen a su modo y según su propio interés. Mi primer problema me lo gané porque en un pasillo tres guardias golpeaban a un paisano con sus porras. El hombre echaba sangre por la boca, los ojos y los oídos. Yo pasaba en mi silla y les dije que no maltrataran así a un ser humano, y uno de ellos, chicano, se me encaró y me gritó:

—¿Y a usted qué le importa?

Yo le reviré y le contesté:

—Me importa porque es un hombre que tiene alma y corazón y ustedes no tienen derecho a tratar así a un detenido.

—¡Aquí no hay detenidos! —me gritó—. Aquí son todos delincuentes y criminales.

No alcancé a decirle que se equivocaba cuando sentí el primer garrotazo en la frente, mientras otro guardia me empujaba en la silla por las escaleras. La silla saltó varios peldaños y yo, sin cinturón de seguridad como andaba, caí lejos y reboté primero contra la baranda y luego contra los peldaños. Quedé sin sentido mientras un guardia llegaba gritando:

—¿Entiende usted? ¿Entiende?

Y me ordenó silencio, poniéndose el dedo índice en la boca, una boca roja y granosa que tenía. En esos penales no existen derechos humanos sino para los gringos, que son los que pueden y saben protestar. Nosotros vivimos agradecidos con que nos dejen vivir, y vivimos todo derecho como un regalo. Por eso no sabemos protestar. Me volví manso como un buey viejo. Tan manso, o tan menso, que un día, no mucho tiempo después, el mismo

guardia, a quien yo ya temía, se me acercó muy amable a platicarme. Me preguntó:

—¿Tú quieres salir de esa silla y volver a pararte solo, y volver a correr, y volver a trabajar?

—Sí, sí, mi guardia —le contesté.

—Pues entonces acepta que te hagan una operación que no
duele mucho y te cura.

—No —le respondí—. Prefiero seguir así. Yo le tengo miedo
al dolor.

Me aseguró que no me dolería y que podría hacer un arreglo
con el juez de penas para que la operación valiera por un par de años
de prisión. Eso ya me sonó más. Dolor, dije para mí, a cambio de
dolor, podría ser buen negocio. Me quedó sonando en la cabeza el
cambio y cuando lo pensé mejor ya había firmado un convenio en
inglés que un empleado del penal me tradujo, y que yo ni entendí.
Primero me pusieron a dieta, una dieta muy seria: nada de carne de
res, sólo pescado y sólo frutas. Después, todos los días me tomaban
la sangre y el pulso. Hasta que un día, un doctor me examinó y dijo:

—Okey, usted está listo.

Y al hospital fui a dar. Al otro día, muy de madrugada, nuevos exámenes, muchos rayos equis y muchas fotografías. No entendía lo que los doctores hablaban entre ellos, pero cada vez me
fue pareciendo más sospechoso que al salir me dieran golpecitos
en los hombros y me miraran como cuando uno va a capar un
puerco. Se quedaban mirándome como si fuera un cristo crucifi-
cado. Y lo fui.

El día de la operación llegó el cura a confesarme, si yo así "lo
disponía". Le dije que bueno y me confesé:

—Yo no maté a nadie, padre, pero quisiera matar al juez, a los
carceleros y salir corriendo para mi casa, donde seré otra vez libre.

Una inyección me dejó bobo y otra en el cuello me tumbó en las tinieblas. No volví a saber de mí. Esta vez no fui yo el que hizo el daño; fueron, según vine a establecer después, los médicos, porque se trataba de un experimento. Cuando desperté, me di cuenta de que me habían operado la cabeza y no la columna, ni las piernas. Mi inmovilidad era la misma, pero mi cabeza no podía estarse quieta; era como si día y noche pasaran una película sin orden y en colores brillantes que nada tenía que ver con las cosas que yo veía, una película que se manejaba sola y que nada quería decir. Me dolía como si me hubieran abierto la cabeza de par en par, como me dijo por fin, al cabo de los días, una de las muchachas —portorriqueña ella— que aseaba los cuartos y que se había enterado oyendo a las enfermeras. Nunca supe qué me habían hecho, pero supe que había sido un experimento, uno de los muchos que les hacen a los latinos, que son los que no entienden a tiempo de qué se trata el engaño. El daño nunca se me curó del todo; hoy, diez y seis años después, siguen las mismas luces pasando, aunque ya lo que pasa adentro de mi cabeza es más ordenado. Fue un experimento, y tan lo sería que a mí un alguacil de la prisión se me acercó y me dijo:

—Bueno, tú tienes ahora la oportunidad de sacar de la operación dos años menos, y cuatro si prestas tu cuerpo otra vez para dejarte bien, perfecto, y quitarte esos colores que te pasan por la cabeza.

—No —respondí con ira—. No volveré a ser usado nunca más.

Tenía miedo de que me pasara lo mismo que a Hermenegildo Mejía, un compañero que les dijo sí a la segunda vez y lo dejaron saltando como un chapulín. Uno estaba platicando con él tranquilamente y de golpe pegaba un salto, como si fuera de caucho, y caía al suelo babeando. Lo llamaban "el procedimiento", y se lo aplicaban casi siempre a latinos pobres, a los que llegan por haberse metido varias veces por la frontera y que están muy lejos de su tierra; también lo hacen con aquellos que venimos a trabajar y tenemos una desgracia como la mía. A nosotros son los que nos usan para hacer sus cosas, y como uno al principio no sabe sus derechos, ignora que uno puede hacer la acusación contra la prisión o contra el Estado y enviarlo a la *White House*. Lo que sucede en la realidad es que todo abuso contra los penados se queda muerto. A los mexicanos y latinos nos la cargan más. Los que tienen listos para pena capital son casi siempre de la raza. Cuando me acuerdo de todo aquello, de las injusticias y brutalidades, me regresa el coraje. Todos los días le ruego a mi Dios que me llegue el momento para poder vengarme. El desquite lo tengo en la mente. Que Dios me perdone si algún día hago una travesura, pero eso que me hicieron los güeros lo tienen que pagar muy caro.

Yo aprendí a leer en la primera prisión. Como hay tanto paisano, uno casi no necesita hablar en inglés, y yo aprendí por tanto primero a platicar en chicano, y sólo después pude aprender a leer en inglés. Me enseñaron a hacerlo los fieles de una iglesia que poco conocíamos, Jesús del Séptimo Día, en su Biblia Sagrada. Yo quedé muy agradecido con esa gente porque llegaban todos los días bien vestidos, de corbata, y bien motilados, a enseñarnos y darnos consejos. Comparándolos con los guardias y alguaciles, parecían humanos. También aprendí la plomería, que es el oficio con que podré volver a trabajar. Es un arte muy bonito ese de cambiar con sus manos las cosas de metal por más duras que sean. La plomería es como una lección para vivir. A mí me gustaba mirar cómo ese soplo azul de acetileno derretía el cobre, el hierro, el acero. Me divertía soñando en cortar los barrotes de mi celda, los más gruesos del pabellón, y los de la puerta de salida a la calle, por donde salí, después de cinco años, pero no para la libertad sino para otra cárcel, cerca de Nueva York.

Yo conocí a Nueva York en la prisión. Es una prisión tan grande como una ciudad pequeña, donde hay más penados negros que blancos, que hablan un inglés que nadie entiende. Llegan a la prisión gordos, gordísimos, como chanchos para navidad; caminan despacio y tienen que pasar las puertas de lado porque no caben. Pero con los días, se van poniendo como todos los demás, porque la alimentación en la cárcel no es la misma de afuera, es recetada. También me topé en Nueva York con muchos guatemaltecos, muchos portorriqueños, muchos colombianos, gente toda de bien que tienen entre ojos. Hay muchos que la han hecho, pero no son criminales, como dicen, sino hombres más rebeldes que malos.

De Nueva York me trasladaron a Iowa, donde volví a encontrarme con mi raza y con tal cual gringo loco. Porque si hay alguien en el mundo más loco que un loco, es un gringo loco. Viven en otro mundo, en un mundo de peleas, de muerte, igual al que se ve por la televisión. Son gentes peligrosas que no se sabe cuándo van a matar o cuándo han matado. Con solo mirarles esos ojos pequeñitos que tienen, como de canario, dan miedo. En diez y seis años nunca tuve un amigo de ese color.

De Iowa me llevaron a Pennsylvania y luego me trastearon para Carolina del Sur, donde las peleas entre mexicanos y gringos son a muerte. Los paisanos teníamos un mando hecho con gentes de Chihuahua, valientes y corajudas. Por eso dicen que para sarapes Saltillo, y para soldados Chihuahua. Los chihuahuenses no les tienen miedo a los gringos porque han peleado con ellos desde siempre, y los Estados Unidos no pudieron seguir corriendo la frontera al sur gracias a esos rebeldes. Un día hubo dos gringos muertos, uno blanco y uno negro, para que no se diga que nosotros los mexicanos somos injustos. Nos la apretaron bien apretada, y nos metieron al *hoyo* a más de uno.

El *hoyo* es una pieza forrada en hierro, donde no entra luz, y con dos puertas, como las de las cajas fuertes. Allá nada se oye, y el silencio con oscuridad va haciendo que la gente se enloquezca. Yo digo que es como para volvernos igual de locos y desaforados que ellos. Uno sabe que los gringos sienten rabia con nosotros porque tenemos más vida y más alegría; sabemos reírnos y sabemos pensar más rápido que ellos.

De Carolina fui a parar a Virginia. Al preso latino lo cambian tanto de cárcel porque nuestros gobiernos son rajones, no protestan por la suerte que nos dan. Son gobiernos que sienten que les hacen favores teniéndolo a uno preso, y eso no se va a terminar nunca, porque no saben de dignidad. Y la otra razón es para impedir la visita, o mejor, para dificultarle al penado las visitas de la familia. A mí cada vez me fue visitando menos mi mujer y eso que ella es mona, güera y gringa. Era una trabajadora social que conocí en la primera cárcel; quería a México, hablaba español y cantaba. Era más pocha que güera. Yo le enseñaba canciones del Cuco Sánchez, del José Alfredo. El *Corrido del caballo blanco* le gustaba porque le enseñaba dónde quedan Los Mochis, Hermosillo, Tijuana, Rosarito, Ensenada. Fui enamorándola. Encontró, siendo empleada de la prisión, la forma de esconderme para poder consentirla. Nos enmancornamos y casamos en la prisión. Yo estaba con ese matrimonio más divertido que enamorado, pero a mí, allá todo me daba lo mismo. Las gringas son buenas para el petate y malas para el metate. Me dije que quizás con un hijo medio güero me iba mejor, y tuve con ella una hija. No quiso más. Una niña, y punto. Para casarse conmigo tuvo que dejar de ser trabajadora en penales, pero como no falta empleo para gringos, pronto consiguió uno en los ferrocarriles, lo que le facilitó las visitas a las muchas cárceles donde estuve. Yo vi crecer a mi hija desde lejos, a través de los barrotes. Sin acariciarla, sin darle siquiera un beso.

Sigo el cuento: de Virginia a Oklahoma, uno de los *mataderos* preferidos por la justicia gringa. Uno siente y convive ahí con el Pabellón de la Muerte; la pelona se para frente a la prisión en los postes de la energía a esperar como tecolote nocturno. Y cuando a alguien liquida se le siente el quejido de contento arrastrando esa alma al infierno. De Oklahoma a la de Flores, Colorado. Por fin de nuevo sentí los aires de mi tierra. Allí respiré otra vez ese viento rebelde del desierto, volví a oler los olores de los cirios, de los tayalotes y hasta el gusto del tepache. Es que esa tierra fue nuestra y lo sigue siendo. Otra cosa es que nos la hayan quitado. Me fueron acercando a la frontera, así que, la última fue en El Paso, al lado de Ciudad Juárez. Allí llegué con un *waiver*. Y lo primero que hice en la ciudad —y de nada tiene que perdonarme Dios—, fue tomarme mis buenos tequilas para matar la cruda que me duró viva dieciséis años.

III

DE LA BORRACHERA QUE ME PUSE AQUEL DÍA estrenando *waiver* también recuerdo poco. La laguna de *tanguarnis* que me acostumbra a invadir cuando suben las aguas, me deja en blanco. Lo que sé es que me desperté robado del todo. Después supe —porque en la *casa nuestra*, todo se sabe— que los ladrones habían sido los policías mexicanos que me requisaron; me quitaron hasta los tenis, que era donde yo guardaba la lana. "Quien lana trae, oro mana", dicen por ahí.

Yo había ahorrado unos pocos *verdes*, guardando dólar por dólar durante el tiempo en que estuve en la de Flores. Eran apenas trescientos ochenta y siete billetes de un dólar cada uno. Quedé como afuera y lloviendo. Me senté en el parque de Las Américas a pensar, a mirar hacia delante. Yo quería regresar a Estados Unidos, quería cumplir el fin que había soñado en Cabo San Lucas de tener un convertible amarillo. Además, necesitaba vivir con mi hija, que era, al final de la cuenta, lo único que yo había hecho en el Norte. En pensamientos se me fue el día, hasta que llegó la hora de la verdad: ¿dónde dormir?

En la estación de camiones me arrellané en una banca, que al comienzo se me hizo dura y fría, pero que con el calorcito y el sueño se fue haciendo amable. La estación estaba llena cuando llegué, alegre como una jacaranda, pero a media noche, cuando me desperté, el ruido había mermado y el frío aumentado. Me engarruñé como un camarón, hasta que volvió el sueño. No duró mucho. Serían las dos de la madrugada cuando sentí que alguien se sentaba cerca. El cuerpo siempre deja un pedazo de piel despierta que es como un ojo abierto. Era un hombre ya viejo y callado. Cuando vio que yo abría los ojos, me miró como diciéndome: "No tenga desconfianza, voy como usted". Por eso me atreví a preguntarle que para dónde íbamos. Me respondió como si estuviéramos cumpliendo una cita:

—Pues para La Rumorosa. Es por ahí donde hemos de pasar al Norte, porque los otros huecos están difíciles, muy difíciles. Están tapados con muertos y usted sabe que los muertos asustan. Por los lados de Tijuana hay dos pasaderos, la valla del mar y la Mesa de Otay. Por el mar, el camino en verano es difícil, la noche corta y a la migra se le facilita mirar. Por Otay, los gringos han edificado otra muralla muy alta y más bregosa para saltar; si usted quiere llegar sin tobillos, podemos ir por ahí. El otro pasadizo que conozco está en los lados de Altar, en Sonora, puro desierto pero, como está de moda, todos buscan este paso y a la migra le queda fácil dar manotazos y dejar aplastadas tantas moscas como le gusta ver. Usted verá por dónde nos metemos. Yo he pasado muchas veces y he mirado mucho caso, porque no me avengo a vivir allá en ese Norte desalmado y regreso a mirar mi gente cada vez que su ausencia me hace un vacío en el alma que se vuelve tan pesado que no me deja trabajar. Entonces hago el atado y regreso al otro lado con el sabido que tengo de volver a aventurar el reingreso a esa tierra para donde, según veo, señor, vamos juntos.

Me dejé llevar por esa luz, y me monté en ese destino. Se llamaba Demetrio, "y poco importa", me dijo al presentarse, "el resto del nombre". Yo le expliqué que no tenía cómo pagarle y que por eso, y no por miedo a los coyotes, era que no podía aceptarle la compañía. Él lo entendió sin platicarlo, me invitó a tomar café y la soltó así:

—Usted me paga cuando, al otro lado, pueda. Allá se encuentra de todo. Usted sabe porque me parece que ya estuvo, al guiarme por los tatuajes que tiene en el pecho y que se le alcanzan a salir por el cuello. Son tatuajes como éstos —me dijo mostrándome su brazo—, que me mandé hacer en la cárcel de Phoenix, donde me dejaron penando dos años por entrada ilegal, como si lo ilegal no fuera el robo que nos hicieron de esas tierras nuestras. No se preocupe y más bien óigame: a las siete sale un camión para Tijuana. A las tres de la tarde nos estamos bajando en La Rumorosa, y en Jacumí dormiremos para con la fresca de la madrugada pasar la *línea* y alcanzar las cañadas antes de que el sol caliente.

Medio dormidos, con el entonte que dan los caminos, y medio atembados de tanta televisión de camión, nos apeamos en La Rumorosa. Hay de verdad una subida madre que comienza en el fin del desierto de Mexicali, un desierto de piedra amarilla. Desde La Rumorosa se mira todo ese horizonte que nos esperaba y que a esa hora, las tres de la tarde, estaba quieto, como muerto, del mero calor que se cría en las piedras. La Rumorosa es un pueblo largo donde hay una panadería, una estación de policía, una cantina, que es también pensión, y donde esa noche dormimos. Hay también un puesto de la Cruz Roja Mexicana, donde atiende una mujer vieja con un radioteléfono, un chofer de ambulancia y un joven del Grupo Beta. Es un pueblo envuelto en brumas donde todo viviente camina lento, como si se estuviera arrepintiendo de algo. A las seis de la tarde, el viento comienza a revolcar todo y arrea papeles, arena y rodaderas. Es un viento caliente y yo lo entendí como una advertencia que anunciaba el viaje.

Madrugamos. ¡Íbamos a parir chayotes! En La Rumorosa hay camioncitos que salen para Jacumí, y nos montamos en uno de esos con otros cuantos que, como nosotros, iban tras el paso al Norte. En el camión cada cual se acomodó en sus pensamientos. El silencio se cortó cuando nos paró el Grupo Beta. Dos empleados se acercaron y nos miraron uno por uno. Luego nos pidieron la nacionalidad y nos preguntaron la edad. El mayor era Demetrio, que confesó cincuenta y nueve años, y el menor un niño de catorce. No pidieron el nombre ni los papeles de identidad. Todos contestamos con ganas. Uno de los empleados nos dijo:

—Miren, muchachos, lo que van a hacer es muy arriesgado. Tengan mucho ojo para las coralitas, para los cascabeles y para las Patrol Borders. Si se pierden enciendan una hoguera y aliméntenla con palos secos de sotol. Lleven agua, buena cobija y buen sombrero. Descansen cada dos horas. Y mucha suerte, chamacos; que Dios los guíe y la virgen los acompañe.

Una hora después llegábamos a Jacumí, un pueblo desolado.

—Nido de ladrones de carros —me dijo Demetrio—, aunque antes robaban caballos. Todos los talleres que ves, son desarmaderos de carros robados que venden por piezas. Aquí no hay cura porque al que había lo mataron cuando les dijo a los periódicos que todos los fieles de su parroquia eran bandidos, y que como no querían confesarse en el confesionario, él se confesaba en público, y los aventó. Le dieron cinco puñaladas limpias.

Al bajarnos del camión, nadie nos miró. Éramos como fantasmas. Compramos agua en plástico. Yo compré un sombrero de palma y una cobija gruesa *Cuatrotigres*. A las seis de la mañana comenzamos a caminar. Pasamos por el cementerio y nos echamos la bendición, como pidiéndoles permiso a los difuntos. Además de Demetrio y del crío de catorce años, iba una mujer joven con su marido; otra sola y tres chamacones de veinte años. Al rato nos topamos con una cerca de alambre de púas medio rota. Pasamos pisando los alambres caídos: era la línea, la mera frontera. Nadie se miraba, nadie nos miraba. El desierto es la verdadera frontera.

Al rato lo poco verde que se veía se fue acabando y la sed llegaba a sembrar el desierto en la garganta. Sólo se oía el viento silbar en los nopales y los cirios, arrastrando el polvo de hondonada en hondonada. El sol comenzaba a montarse sobre nuestros lomos. Demetrio buscaba con sus ojos de liebre conejera una cañada para defendernos del sol y de los helicópteros de la *Border Patrol*. Aunque los de la *Border* no son de la migra, son peores. Son rancheros que se unen para cazar migrantes y divertirse, diciendo que se defienden. Nos salen a cazar como si fuéramos animales.

¿Qué va uno a ofenderlos pasando por esas tierras que nuestras fueron? Lo peor que uno puede hacerles es dejarles el cuerpo para que el sol le blanquée los huesos. Pero ellos dicen que uno les roba el ganado y les tumba las cercas, como si uno pudiera alzar una res; o como si allá hubiera muchas cercas. Así no es. Uno lleva otro destino. ¿Estará para llevarse una res cuando no se arrisca con el mero cuerpo de uno…? Sí allá lo único que se da es el ganado y eso porque sabe comer espinas y alivia la sed en las cañadas oliendo la humedad que se respira, porque agua, lo que llamamos agua, no se ve ni se oye.

Buscando esas cañadas se ocupaban los ojos de Demetrio hasta que, ahorrando saliva, nos señaló dónde había una y allá fuimos a cobijarnos. Y como si nos hubiéramos puesto de acuerdo, con el último que llegó, se oyó la mosca —como llaman a los helicópteros—, pero ya todos nos habíamos tapado. Estábamos paralizados de miedo y ni el resuello propio oíamos. Pero el ruido de esa fiera se hizo delgadito, se escondió en los horizontes y nosotros pudimos tomarnos un trago corto del agua que nos quedaba. Ahí sentados nos miramos los ojos: negros los del crío y grises los de Demetrio; carmelitos y huidizos los de los chamacos, amielados los de la mujer casada y lejanos los de la otra mujer. Mirar a otro de frente abre caminos y ayuda a platicar: el primero en hablar fue Demetrio.

—Cuiden el agua, que aquí es la vida. Conocí a una mujer que tomaba mucha, mucha de la poca agua que llevaba. A medio día de camino había tocado fondo su garrafa. Ella esperaba que siendo mujer y buenamoza, alguien iba a compartir su agua, pero en el desierto cada uno tiene que ver por cada quien y nadie quiso darle de beber. Dos días después estaba loca y una noche huyó. Se encontró ahorcada. El desierto no perdona errores; el desierto premia al mesurado.

Caminamos por la cañadas para que no nos pillara la mosca. La veíamos pasar lejos de nosotros. A veces se acercaba y bajaba como a mirarnos. Creo que no nos veía porque se iba sin llevarse nada. Las cañadas protegen, pero también dan desconfianza por lo muy estrechas y por ratos profundas. Dentro de ellas, las moscas no saben dónde está uno, pero uno tampoco. Como Demetrio las había caminado, sí sabía dónde estábamos. O decía que sabía. Yo confiaba en él porque me había dado pruebas de ser un hombre cabal; no todos pensábamos lo mismo. Los chamacos comenzaron a sospechar que los llevaba a una trampa de la que no podían salir sin pagarle. Es cierto que los coyotes saben hacerlo así. Hacen contratos con los mojados para no cumplirlos y poder así pedir más lana por una u otra cosa. Lo más común es decirles:

—Bueno, muchachos, hasta aquí los traje; de aquí en adelante hay otra tarifa, porque no contábamos con que las noches fueran tan frías, o tan largas, o el sol tan maduro. O porque los pájaros no trinan o porque a las víboras se les cayeron los colmillos…

En fin, a los coyotes no les importa mucho cuál es la razón; saben que los "pasajeros" están en sus manos y les cobran según esa ley.

Demetrio sospechaba algo raro de los chamacos; no eran gentes de su gusto. Una noche, en medio de la oscuridad, volaron, se corrieron sin quebrar una ramita, sin que ninguno de nosotros nos diéramos cuenta. Fue mal hecho. No supimos en ese momento si habían seguido hacia delante o se habían devuelto repisando sus propias huellas. Ese mismo día Demetrio nos dijo que ya estábamos en terrenos de la *Border* y que por esa razón era mejor andar de noche y con más razón habiendo buena luna. Dijimos que sí, y ese tercer día descansamos bajo ese sol que caía sobre el desierto y les sacaba chispas a las rocas. Por la noche retomamos el camino sin tanto miedo. En nuestras cabezas resonaban los relatos de Demetrio acerca de la *Border*.

—Es gente muy cruel, al fin rancheros —contaba Demetrio—. Andan uniformados como la migra, con todo el equipo puesto: pistolas y revólveres, fusiles de largo alcance con miras de precisión, visores nocturnos, radioteléfonos y camionetas cuatro por cuatro. Pero sobre todo andan con ganas de divertirse cazando mojados, haciéndolos correr hasta que caen desfallecidos para poder esposarlos y llevarlos como criminales al jefe de la policía. Hacen concursos entre ellos y tienen premios mensuales. En su club se reúnen cada mes y se dan los premios, después se emborrachan, se ríen y gritan, mirando los videos. Los rancheros son la peor de las especies gringas.

El calor de día era como vaho del infierno. Nos tirábamos buscando la sombra que había por la mañana y por la tarde. Pero cuando el sol ponía su rayo sobre nuestras cabezas no había fresco que pudiera acogernos ni agua que pudiera ahorrarse, y como hay que ir buscando la sombra con el paso del sol a su mero ritmo y gusto, uno no podía soltar la pierna y dormir como merecía aquel cansancio. A veces, con las cobijas hacíamos una sombra, pero entonces era el calor aumentado el que golpeaba.

Por esos lugares fue que echamos a mirar tumbas. Gentes que se quedaban rezagadas o que el coyote había abandonado y morían sin consuelo. En esos mismos terrenos encontramos un depósito de agua. Era un milagro. Nadie entendía hasta que Demetrio explicó:

—Hay una sociedad de amigos de los migrantes que deja agua para que los caminantes no mueran de sed. Es ayudada y protegida por la Iglesia Católica. En esta frontera son los gringos de esa sociedad los que traen en sus *rangers* el agua. En el lado mexicano, donde el desierto es más feroz, son los paisanos los que la dejan. Muchas vidas ha salvado esa gente. Es una sociedad secreta que hace el bien. La *border* la persigue tanto como a los mojados, porque la considera enemiga de Estados Unidos.

Al quinto día ya miramos desde lejos el *freeway,* como llaman a las carreteras gringas, y nos sentimos del otro lado. Demetrio nos dijo:

—Échale copal al santo, aunque le humées las barbas.

Había que meterle ganas a esa última etapa porque era la más dura. No sólo porque allí las cañadas desaparecían sino porque la *border* andaba de día y de noche. Fuimos andando muy despacio y con ojos muy abiertos hasta ese camino negro que no era ningún autorruta, como Demetrio decía, sino una carretera de dos vías, pequeña y poco, muy poco, transitada. El gran problema era que no podíamos, siendo mexicanos, hacernos pasar por gentes del lugar. El miedo fue aterronándonos y estuvimos más tiempo escondidos en los matorrales que buscando el *aventón.* Caminábamos de noche al lado de la carretera. Veíamos pasar a la *border* y eso nos hacía sentirnos como conejos agazapados. En cada *patrol* iban cuatro o cinco gringos vestidos de uniforme negro, los cañones de los rifles se veían a través de las ventanillas que llevaban bien cerradas para que el calor del desierto no los pusiera a sudar. Todos tenían anteojos de sol y algunos tomaban cerveza y miraban los matorrales como si supieran que nosotros estábamos allí evitándolos. Fue la etapa más dura del viaje.

La virgen nos mandó un camión; lo vimos pasar despacio hacia Phoenix, y luego, al rato, regresar aún más despacio, como dejándose ver, como anunciándose. Iban dos paisanos. Demetrio dijo:

—Salgámosles —y les salimos.

Los paisanos dijeron:

—Bueno, muchachos, están en peligro; por aquí no hay agua y el sol los va a fritar; si ustedes convienen, los llevamos a la capital y allá ustedes se pierden, pero se escapan de dejar los cueros en estos infiernos. Le vale quinientos dólares a cada uno.

Demetrio tenía una lana escondida y yo otra, que era lo que habíamos logrado salvar del robo, pero el chamaquito no podía pagar y nosotros no podíamos ayudarlo. Tampoco podíamos dejar a ese crío morirse solo y menos aún quedarnos nosotros a correr su suerte.

El paisano que manejaba el camión, al notar nuestra circunstancia, nos dijo como si fuera adivino:

—El chamaco puede trabajar y pagarnos poco a poco; el todo es que quiera; nosotros le hacemos un *linqueo* con un contratista y así nos cancela.

El muchacho abrió los ojos de felicidad y todos nos subimos al camión. Unas horas después nos bajábamos en la capital. Bueno, nos bajamos Demetrio y yo, porque el chamaco siguió a cumplir su palabra.

—No le irá bien —me comentó mi amigo—, porque se lo entregarán al contratista como si fuera un esclavo. Sin saber inglés, sin saber siquiera en qué lugar del mundo está, sintiéndose amenazado por todos, lo pondrán a trabajar día y noche. Sólo le darán la comida y la cama. Si a hombres maduros los ponen a su servicio, ¿cómo no será con un niño?

El modo es sencillo: a los hombres los arriendan a *farmers* que le pagan al contratista directamente los seis o siete dólares por ser un "contrato especial", y ese dinero nunca lo ve el trabajador, al que apenas sí le dan a la semana una lana para comprar unas cervezas. El "contrato" es por un año, mientras le pagan al contratista el viaje y los servicios. Después ya el hombre coge su camino, pero lo han robado durante toda esa temporada; y eso lo hacen los mismos paisanos. A veces la migra va a mirar los papeles de los trabajadores, pero está comprada por el *farmer* y algunas veces se llevan a alguien para certificar que están trabajando como autoridades.

El muchacho era de Guanajuato; se había escapado de la casa cuando lo expulsaron de la escuela porque lo pillaron como a la cucaracha que no podía caminar. La marihuana es muy querida por la juventud. El chamaco tuvo miedo de decirles a los padres, porque lo podían partir a palo, y resolvió esconderse donde nadie pudiera encontrarlo. Quizás no lo encuentren nunca. Yo tuve la tentación de denunciarlo a la migra para que fueran por él y lo pusieran en la frontera, pero no lo hice por miedo. Miedo a que me echaran mano a mí también.

Más tarde, en un motel, me despedí de Demetrio. Había sido un hombre limpio conmigo. Me dio mucha pena despedirme de él y seguir mi camino hacia donde yo iba: Allegheny. Era un viaje largo, pero fácil. Tomé un camión, me acomodé en mi sitio y hasta Pittsburgh. A las nueve de la mañana de un 21 de junio estaba tocando la campana de la casa de mi mujer y de mi hija, gente que no veía hacía cinco años, aunque de vez en cuando ella me llamaba y platicábamos. No me esperaban. Había dejado que la mujer creyera que yo ya no existía y que la niña no tenía padre. No quise anunciarles mi llegada porque no era segura; sólo cuando me bajé del camión tuve la certeza de poder verlas.

Después de un tiempo en que di vueltas buscando la dirección de la casa, y de mirarme y componerme la ropa, me atreví a golpear en la puerta. Unos minutos largos y, por fin, su voz: *hi*, y ella en persona. Mucho tiempo sin verla. No había cambiado. Me miró sin reconocerme porque la sorpresa fue grande. Me miró otra vez, echándose para atrás y gritó otro *hi!* Mi hija oyó y ambas me saludaron como si fuera un fantasma. Y la verdad, yo lo era; salía de una prisión donde había entrado un día sin ser yo y ahora me presentaba como una persona que ellas nunca habían vuelto a ver. Pero para mí era, por fin, la llegada de un viaje que había comenzado diez y seis años antes y que apenas en ese momento daba lo que prometía: vivir en el Norte, trabajar en el Norte.

Entramos a la casa. Era grande, con luz. Era un domicilio bonito. Tenía sala y comedor, dos alcobas y baño; tenía garaje y tenía un perro que se llamaba Dogi. ¡Era una casa! Nos mirábamos sin saber qué decir hasta que ella me dijo en su español:

—Siéntate.

Nos sentamos. El silencio se sentó entre nosotros y nadie lo interrumpió. Dogi ladraba mirándome y Emily, mi hija, que tenía mi misma boca y mis orejas, lo hizo callar y el perro se quedó mirándome. Por ahí se rompió el silencio y mi mujer me preguntó:

—¿Y para dónde vas?

—Pues vine a vivir con ustedes —le respondí sin dejarle salida.

—¿Trabajarás?

—Sí, a eso vine —respondí.

—Bueno, pues te puedes alojar en la mansarda mientras encuentras trabajo.

—Yo vine a dormir con mi mujer.

Ella me miró duro, con sus ojos azules de güera:

—Yo soy la madre de una hija que me diste hace mucho tiempo. Ahora las cosas son distintas, ya no estás preso.

—Pues sí, así es. ¡Necesito trabajar!

—Te ayudaré, pero cuando consigas te vas de la casa a poner la propia tuya.

Así convinimos. Los días comenzaron a pasar. Yo ayudaba en la casa. Les hacía la comida, les barría, les aseaba los baños, les lavaba el carro y el perro. Sin quererlo me convertí en el empleado. Comíamos siempre lo mismo: hamburguesa de pollo, ensalada mixta de tomate y lechuga, coca cola. De vez en cuando, cambiábamos el menú: hamburguesa de pavo, ensalada de lechuga y tomate, y coca cola. El desayuno era siempre el mismo: avena espesa, salvo los domingos, cuando Emily hacía panqueques y jugo de toronja. Así, semana tras semana. Yo salía a hacer las compras todos los martes y lo hacía tratando de pasar invisible, porque la policía podía interrogarme, detenerme y expulsarme. No salía por miedo a que me pidieran los papeles. Miraba programas de televisión el resto de mi tiempo. A los tres meses descubrí que estaba casi lo mismo que en la cárcel: la alimentación era igual, pollo y pavo, y ensaladas. La diferencia era que en la prisión nos daban la coca cola en vaso de plástico. La rutina era la misma, y no era sólo la mía. Los gringos viven igual, presos o no. Comen lo mismo, miran los mismos programas de televisión, y por eso, pensaba yo, casi no tienen de qué platicar entre familias ni entre vecinos. Yo me fui dando cuenta de que eso no era lo que yo había venido a buscar. Durante diez y seis años pensé que en la penitenciaria se estaba obligado a hacer una cosa distinta a la que se hacía cultivando lechuga. Trabajando, platicábamos, nos hacíamos chistes, nos molestábamos, nos gritábamos, nos emborrachábamos en el fin de semana. Había diferencia con la prisión. Yo pensaba, mirando las lechugas, que los gringos vivían contentos teniendo tanta cosa como tienen. En la prisión seguí pensando lo mismo; que había tres vidas: la del mojado, la del prisionero y la del gringo. Ahora me doy cabal cuenta de que no hay sino dos: la del mojado y la del gringo, esté preso o esté libre.

4

FLOR

I

MI ABUELO, DON TIRSO, SE MURIÓ SOLO, o mejor dicho, solo conmigo. Me dijo:

—Flor, me estoy muriendo porque esta tierra está muerta —y se murió para siempre.

A mí me habían dejado para echarle un ojo y darle agua cada vez que sus manos comenzaran a temblar. Mi padre trabajaba en la construcción de casas ajenas en Puebla, el pueblo a donde había que ir siempre que salíamos de Pasimón Bravo, porque son pueblos vecinos, aunque Puebla es tan grande que Pasimón queda como disminuido cuando se mientan al tiempo. Mi madre lavaba ropa en la diócesis, mucha ropa, porque los padres eran tantos como ángeles tiene la catedral. Mis hermanos mayores y mis dos hermanas también trabajaban. Ellos se iban cuando el sol no había podido calentarnos y volvían cuando ya la noche se nos había metido. Yo era la única que podía cuidar al abuelo.

La tierra de Pasimón ya no daba nada cuando el abuelo murió. La gente decía que se habían secado al tiempo y así fue. Se fue secando. Se le miraba en los ojos. Ya no tenía ni lágrimas. El cuero como si fuera huangoche; le sobraba en las manos y en el cuello. Parecía que estuviera escurriéndosele buscando el suelo. Yo le daba agua para que pudiera hablarme, pero el día de su muerte no quiso probarla. Me hizo señas para que abriera la puerta. Le gustaba el aire. Entró un vientecillo ligero que sentí yo en las pantorrillas y él en el pecho. Sonrió y se fue muriendo sin más. No supe qué hacer, si salir a llamar para que lo vieran irse, o dejarlo irse solo. Me daba como vergüenza dejarlo morir sin verlo y me quedé acompañándolo. Su mano dejó de apretarme y su fuerza se fue desvaneciendo. Su poca fuerza era ya más un calorcito que otra cosa. Pero yo no podía asistirlo. Mi cabeza andaba rondando recuerdos, se salía de la alcoba y se iba al patio a buscar no se qué, mientras mi abuelo se iba. Se iba enfriando y yo rompiendo piñatas como si anduviera de cumpleaños, como si fuera mi santo, como si nada estuviera mirando. ¡Daba pena tanta ausencia! Fue por eso que me puse a llorar en su pecho hasta que llegó mi madre y me preguntó, como si ya supiera que su padre se había ido, si ya era muerto el tata.

Lo enterramos en su mera tierra, tierra reseca que entonces no daba ni nopales, como siempre había dado; aunque el abuelo decía que cuando era niño, por aquellos días de la Revolución, era una milpa que daba cilantro, cebolla, repollo y hasta otates. Había un ojo de agua que no se había secado nunca, ni los veranos más fuertes lo agotaban. Del nopal y del maíz vivimos. El nopal lo desespinábamos con un tejo de barro como lo hacían los viejos, que no sabían como nosotros usar el cuchillo para limpiar la tuna. Ellos eran muy respetuosos de lo que habían aprendido de niños y lo seguían haciendo como para mantener con ellos los recuerdos. Porque sabían manejar el cuchillo y el machete, como lo supieron los federales, pero al nopal lo seguían limpiando a tejo. Las pencas las llevaban al mercado; se dejaban en la casa sólo las del nogado. El maíz se daba, y hasta mucho. Hubo cosechas que inclusive sobró para vender, una vez apartado el de la tortilla y el de la masa para el tamal, que era lo que comíamos. Se daba el maíz blanco, el amarillo y el prieto. Esos años no duraron. Se fueron haciendo cada vez menos. La tierra se secaba y el ojo de agua ya no daba para regar todo lo que la lluvia no traía. Apenas para cocinar, lavar y alentar el poco maíz que brotaba escuálido. Hasta que un día el ojo se apagó también. Cuando se agotó, el señor obispo dijo que era el castigo por voltearle la espalda a Cristo y entregarles el alma a los agraristas. Fue el tiempo en que todos tuvieron que salir a ganarse la vida por fuera y en que yo debía quedarme con el abuelo.

Mi padre no se quedó en Puebla. Se fue a buscar trabajo cada vez más lejos. Iba a Mérida, a Yucatán y después llegó a Matamoros y hasta a Ciudad Juárez llegó a venir. Yo supe de Ciudad Juárez por su boca, aunque nunca pensé que después tendría también que salir yo de Pasimón. Poco a poco dejamos de saber de él, y un día, dejamos del todo de saber por dónde andaba. Mi madre nunca llegó a ir más allá de Puebla y de sus ángeles benditos. Lavó ropa hasta que las manos se le entumieron y las coyunturas se le enhuesaron. Entonces dejó de trabajar. Yo andaba ya volantona y me llevaron a servir en la casa de una familia pudiente en Puebla. Me pagaban por jugar con los niños y por mirarlos. Dormía con las demás sirvientas en una misma alcoba. Eran mujeres ya viejas que trabajaban desde niñas con la familia. Yo pensaba que ese era mi destino. Pero yo no quería ese camino, yo quería salir a conocer el mundo, como mi padre, y no vivir de lavar ropa hasta que se me gastaran las manos. Yo miraba para donde miraba mi padre y no mi madre.

Por eso me fui a trabajar con una hermana de mi señora que vivía en México y había ido a Puebla de visita. Hice mi atado y un domingo por la tarde llegué a la capital, una ciudad que nadie puede conocer. Uno mira sólo pedazos y sólo por ahí puede moverse. Yo conocí sólo la Colonia Roma, donde me hice señorita y donde comencé a soñar con el Norte, donde había trabajo y donde podía vivir sola, que era mi anhelo desde que el mundo comenzó a volarme en la cabeza.

No quería regresar a Pasimón, a pesar de que el agua había vuelto gracias a un tío mío, llamado por la gente El Encantado, porque era un tanto ido y daba vueltas siempre como un perro antes de echarse. Todo mundo lo miraba como poseído y pensaba que estaba en su ley. Sólo lo miraban. Y mirándolo fue que vieron cómo hacía un hueco en esa tierra ya ganada por el sol, reseca, muerta, y encontraba otra tierra apenas húmeda, como recién llovida. Y él siguió y siguió con su garfio de madera hondando y hondando aquel misterio. La gente se burlaba del hueco que hacía El Encantado porque decían que se había vuelto limpio y quería hacer su necesidad sin que a nadie molestara. Tuvieron que tragarse sus malos pensamientos con su propio orgullo cuando la tierra ya no era sólo húmeda sino aguada, y así, cavando se topó con el ojo de agua que se había escondido del sol.

Y todos saltaron a sembrar maíz, que era lo que más echaban de menos. Compraron semilla porque la que habían dejado se mojoció con el tiempo y la que no se mojoció se la comieron los últimos ratones que quedaban. Cosa de ver: hasta los ratones con la sequía se fueron yendo. El pueblo compró semilla en Puebla. Era bonita por lo pareja y todos estaban llenos de contento con que la tierra volviera a parir y no tuvieran que comprar la tortilla. La tierra parió como buena tierra que era, pero la tortilla no se pudo hacer. O mejor, sí se pudo hacer, a pesar de que la masa era como arenosa, pero a nadie le gustó la tortilla hecha con ese maíz de grano parejo, de mazorcas bonitas de lo hinchadas. Tenía un sabor amargoso, como si fuera maíz sacado de un tarro de latón. Era peor que comerse la tortilla amasada con Maseca, que sabe a podrido y que ni los animales aprovechan. Para peor, la semilla estaba envenenada y no paría, no daba; se moría en el hoyo tal como la echaban. Hasta que alguien les platicó:

—Ese maíz no reproduce; es un maíz que trae el gobierno del Norte y que no da para semilla, ni para tortilla. Un maíz que es sólo parejo y bonito. Si quieren más, hay que comprar otra semilla y sembrarla como ella manda: con abonos especiales, con venenos especiales, porque de otra forma no hay manera de que se produzca.

Fue así como pasó. La gente le echó números: si no era maíz de tortilla, podía ser maíz para vender, para hacer piensos. La cuenta no les daba con lo que había que echarle para verlo crecer y para verlo madurar sano. Fue ese día cuando la gente, viendo que había agua y siendo agosto, decidió sembrar cenpasúchil, la flor de muertos, la flor del 2 de noviembre, esa flor que de tan fuerte que huele pareciera como si quisiera llegar al otro mundo. Hay que regarla para que no se queme con los fríos de noviembre, que también, como todos los males, vienen del norte. Y todos se dieron a sembrar la flor de los muertos. Después, cuando pasó la cosecha, volvieron a las hortalizas, al tomate, a la zanahoria, al cilantro. Para ese entonces, los que nos habíamos ido, ya no queríamos volver. Cuando cuesta mucho dolor irse, cuesta mucho trabajo volver. Y más trabajo cuando el trabajo en la tierra es poco y sólo alcanza para los pocos que se quedaron.

Por eso, cuando volví a Pasimón fue de pasada, porque yo ya iba para el Norte y tenía mis ojos allá en la frontera. No para pasar la línea. Yo no quería y nunca quise ni quiero ir a tierra de güeros. Le he tirado miradas desde lejos, porque yo allá no les dejo ni una lágrima.

II

MI PADRE FUE EL PRIMERO EN DARNOS NOTICIAS de Ciudad Juárez, pero sólo se quiso aventurar a ir una sobrina de él, mi prima Rocío. Ella entró en dudas, pero siendo como era una mujer que no sabía de miedos, a la frontera llegó.

Y no tardó, según contaba, en conseguir un empleo en una fábrica. Ganaba bien, aunque tenía que trabajar mucho. Pero para el que sabe trabajar, el mucho no es nada. Cuando yo llegué a Juárez, una ciudad polvorienta y amarilla desde que los gringos le quitaron el hilo de agua que ya era el río Grande, me asaltó la zozobra como si fuera vaho del demonio. Pero Rocío me calmó, me llevó a su pieza, me acomodó en una cama y me dejó dormir lo que no había dormido en las treinta horas de camión que había gastado desde Puebla, a donde había ido a despedirme de Pasimón porque yo no tenía el pensamiento de quedarme mucho tiempo en esa tierra, que ya ni lo es.

Al otro día mi prima me despertó temprano, a media luz. Nos arreglamos y nos fuimos a una fábrica de nombre Industrias Fronterizas, donde ella sabía que estaban empleando mujeres para hacer medias de seda. O de nailon. O de lycra, como se llaman ahora. Ni hicimos solicitud. Sólo me presenté, y ahí mismo me preguntaron mi nombre, el pueblo de donde venía, la edad. Ya cuando me dijeron que sí podía entrar a trabajar, me preguntaron si tenía estudios. Les contesté con la mera verdad de uno, que es la que no lo abandona: "Sé firmar". Y con una firma en un contrato que ni leí, comencé a trabajar en la maquila.

Me gustó desde el comienzo. Había jardines de rosas y alelíes a la entrada y después un salón grande como la boca de un día. Hice fila como todas para mostrar lo que llevábamos en las bolsas, y más adentro, el monitor me dio un delantal amarillo que quería decir que yo era nueva y estaba en prueba. Los otros delantales eran grises y los de los monitores y supervisores azules. Me puse el delantal como quien se pone un traje de ilusión, y me llevaron a mi mesa de trabajo. Las otras compañeras me miraron y me saludaron con un *quiúbole* seco y triste que nada preguntaba. Yo era la primera de una línea de ocho. La media entraba recién salida de las máquinas que la fabricaban. Nosotras teníamos que alisarla, cortarle los hilos sobrantes, abrirle el ancho, doblarla y meterla en el cartón para pasarla a la máquina empacadora. A mí me agradó la rutina. No tenía que trabajar agachada, como en el campo, cuando recogía las flores, sembraba las hortalizas o aporcaba el maíz. Lo hacía de pie y derecha. No me cansaba porque tenía el cuerpo nuevo. Trabajaba en la sombra y no a ese sol rompecostillas de Pasimón que parecía que lo empujaba a uno contra la tierra. No hacía calor en la maquila, tampoco hacía frío. No se sudaba y así uno no sentía que estuviera trabajando. Había un descanso en la mañana y otro en la tarde, cuando podíamos sentarnos, platicar y beber un refresco. Las compañeras me preguntaron de dónde venía, dónde vivía, si era casada. A la hora del *lonche* se descansaba más y se podía comer lo que se llevara y cambiar con otras lo de uno. Se hacían amistades con quien uno nunca había visto. Era distinto a trabajar con quien uno conocía de memoria.

Cuando me entregaron el puesto de trabajo me dieron mi *estándar*. No entendí bien la palabra, pero sí la chamba que en el campo llamamos destajo: trabajar a cuenta de uno. Había que alisar treinta pares por hora, es decir, doscientos cuarenta pares al día, y aunque el estándar me quedaba grande por ser nueva en el oficio, era muy diferente al trabajo en Pasimón, que se hacía hasta que la tarea se acabara. Allá las reglas las pone el tiempo y rebelarse contra ellas es como alzarse contra Dios. ¿Quién sabe oponerse a que las flores abran sus botones en medio de octubre para llevárselas a honrar los muertos en noviembre?

Me gustaban también las amistades que comencé a tejer en la maquila. Eran muchachas que como yo tenían necesidades, obligaciones y que a diferencia de mí, sabían de jarana. Los doscientos cuarenta pares se olvidaban a las seis de la tarde y antes de regresar a la casa, íbamos a una cafetería a tomar coca cola, aunque algunas tomaban cerveza. Yo me les escapaba porque el alcohol me daba mal de cabeza. No sé si era que me la ponía a rodar o me dolía. Mi prima sí se tomaba su cerveza bien fría y bien espumosa, y entre sorbo y sorbo se burlaba de mí y me provocaba. Una vez, para quitarme de encima esa sonrisita que me hacía sentir como una niña mensa, le acepté una cerveza, y después otra, y otra. Casi la mitad de lo que ganaba costó matar esa gana de sentirme igual. Lo que no se pagaba con el precio era el dolor de cabeza, la torpeza de manos, el dolor en las piernas, el sudor en las axilas que durante todo el día siguiente tuve que aguantar y que era un mal más duro que doblar el estándar. Por eso pensé que sana, sin alcohol en el cuerpo, yo podía trabajar más y aumentar la tarea. Me propuse sacar en el día no los doscientos cuarenta pares de norma, sino trescientos. Lo hice, y me sentí más que otras.

El monitor me lo dijo con todas las palabras:

—Bien, Flor; así usted va a volverse cabeza de mesa, es decir, la que impone el ritmo.

Al final de esa semana yo había doblado mi estándar y había impuesto otra norma en la mesa. Mi foto la pusieron en la cartelera como la *obrera del mes*, aunque no hubiera cumplido el mes, y me dieron, además, la bata gris. Yo me sentí como un pavo estrenando pluma.

III

TRABAJÉ DEDICADA, sin respirar y sin voltear a mirar dos, tres meses, hasta que me entró el vientito del progreso, de la independencia, y quise vivir sola. Con mi prima comenzaban ya las desavenencias: que no me descobije que me resfrío, que dejé una tortilla y no aparece, que apague esa luz que se gasta. Encontrones de esquina, pero encontrones al fin, y por más que nos queríamos como raza y como familia que éramos, conseguí una pieza rentada y una cama prestada y a vivir sola me fui.

No se necesitan bules o vejigas para nadar, me dije. No tuvo mi prima reparos. Yo ganaba seiscientos veinticinco pesos a la semana y haciendo medio turno nocturno alcanzaba a coger los mil pesos, pero la independencia me costaba mil doscientos al mes. No había ganancia, aunque yo podía entrar y salir de mi casa a la hora que necesitara sin ofender a nadie. Sola ya, me dio por vestir la pieza, por comprar un armario, por conseguir una mesa, por tener otra cobija. La salida fue entrar a trabajar más. Me hice la jornada nocturna completa para doblar el sueldo. Me quedaba muy poco tiempo para descansar y fatigada y sin sueño no alcanzaba a doblar el estándar. Conseguí un termo para tomar café por la noche, y dormía una hora en el camión que me llevaba de la casa a la fábrica y otra de la fábrica a la casa. Así recuperaba dos horas de sueño y el café me mantenía despierta y habilidosa. Pero esas medicinas se fueron rindiendo ante mi cansancio, y una compañera me recetó aspirina con coca cola. Me tomaba una dosis en cada descanso y con el café, completaba. Pero esa fórmula no me resultó, porque no me dejaba dormir en el camión y mi sueño en la casa no sólo era poco, sino inquieto y nervioso.

Me cambié de casa. Más costosa, pero más cerca. Conseguí una pieza al lado de mi trabajo. Ganaba una hora y media de sueño, lo que me alegró hasta que la rutina volvió a llevarme al mismo sitio: gastar cuerpo para ganar lana. Estoy joven, pensé, y puedo cambiar salud por tecolines. Entraba a trabajar a las seis de la mañana, salía a las dos de la tarde del primer turno y, después de tomar cualquier refresco, volvía a coger turno hasta las diez de la noche. Comía en los descansos y me acostumbré a dormir parada y trabajando, como los caballos. Dejaba para mí desde las diez de la noche a las cinco de la mañana.

Dos meses después pasé de la aspirina a una droga que le decían por mal nombre *quitapenas*. Un polvo habano y ligero que se fumaba con cigarritos y que hacía nacer por dentro unas ganas de trabajar que no sabían por dónde salir. Yo metía esas ganas en pares de medias terminadas, en doblar estándares, en más paga a la semana. Un circuito que comenzaba metiéndole humo al pecho y terminaba en el cheque semanal que recibía uno el sábado. El cuerpo sufría, pero uno podía vivir como los demás. Comencé a vestirme con ropa comprada y no regalada, como hasta entonces tenía que hacer; a gastar lo que ganaba y a gastar hasta lo que no tenía. En esos días comenzó un chamaco a gustarme y a abrirme el gusto por el amor. Todo llegó junto, y se hizo el nudo con que quedé amarrada al botalón.

Cuando me sentí así, ganada por la rutina, pensé que yo no había nacido para nada. Y nada era lo que hacía haciendo tantas cosas. Paré, paré en seco. Las medias me cansaban, me cansaban las compañeras, y hasta el novio me cansaba. Un día me mandé hacer un corte de cabello y el estilista me dijo: "Véndame las trenzas", y se las vendí. Me dejaron el corte corto. Me veía rara, me veía como otra persona, casi como hombre. En mi pueblo las mujeres llevan el cabello largo, y a los hombres sólo les gusta la mujer de trenzas porque con el pelo corto uno les parece un macho. Se fueron las trenzas por mil pesos. El pelo natural vale mucho, porque las pelucas son ahora de plástico y nunca son iguales a las que se hacen con cabello de verdad. Ese día decidí también cambiar de maquila.

Me presenté a una fábrica que hacía bloques de plástico pequeñitos. Se puede hacer todo con ellos: casas, carros, pero también cristianos. Son de muchos colores y encajan unos con otros como si estuvieran enculados. Me aceptaron con los papeles que tenía y la recomendación de la maquila de medias. La fábrica quedaba cerca de mi casa y así podía echarle a la alcancía las monedas del trasporte. Me pusieron a hacer fincas de plástico. Era un *kit* que traía casa, vaquero, árbol, caballo, marrano, vaca, pato, cerca y hasta escuincles. Una milpa completa. Mi oficio era montar las figuras en una caja de presentación. Me pareció fácil. Trabajaba sola en una mesa y me pagaban por caja. El todo era tener las manos despiertas y la gana viva. Me gustó el puesto porque me reía con los muñecos, que se volvieron como mis amigos, y mientras trabajaba les encontré nombres: el vaquero se llamaba como mi abuelo; la casa como mi pueblo, Pasimón; a la vaca la llamé Clavellina, al perro Pastor, y al caballo Florián. Yo jugaba con ellos para desaburrirme. Se volvieron mis amigos y hasta mis penas les platicaba. No eran muchas, pero ya eran grandes. Mi novio me había dejado cuando no quise acompañarlo a pasar la línea. Yo le dije:

—Juvenal, no quiero vivir fuera de mi gente, no quiero eso, no sé vivir con quien ni peleo ni quiero.

A pesar de que a veces íbamos a bailar y a tomar cerveza con mi prima, día tras día volvía la rutina. Las figuritas me dejaron de gustar, y me reprochaba tener que montar una finca de plástico cuando podía trabajar en la mía propia, o lo que es lo mismo, en la de mi familia. Allá teníamos todos esos muñequitos, pero vivos, hechos por Dios. Daba tristeza tener que trabajar en ese punto y por eso pedí pasar a otro, al ensamblaje.

Para entrar al ensamblaje me hicieron una prueba de destreza que consistía en hacer rayas con un lápiz y cruzarlas, dejando entre ellas cuadrados, y luego ponerles un punto en el centro de cada uno. Se tenían que trazar los cuadros iguales y poner el punto en el mero centro. No era fácil, porque medían tiempo y se podía perder el empleo, que era también un ascenso porque era de más responsabilidad. Pasé el examen: el buen chocolate no hace asientos, como dicen. Al principio fue fácil: meter tornillos pequeños como migajas de tortilla harinosa en hueguitos para formar el vaquero, o la casa, o el árbol, o el caballo. Di muy buenos resultados. Entendí que entre menos atención se le pusiera al trabajo era mejor, porque uno podía volverse una máquina haciendo lo mismo y lo mismo. Un trabajo que nunca se acaba de hacer completo nunca tiene fin, y tampoco principio. Uno ponía un tornillo y la siguiente operaria un casco rojo; la otra una manta verde, la de mas allá una tira azul y así se iba completando entre todos una figurita. Después pasaba al horno, donde hacía un calor infernal pero pagaban el doble. Yo me tomaba seis y hasta ocho litros de agua en cada turno, y salía como si yo misma hubiera entrado al mero horno. No podía sostenerme de pie más de dos horas. Había que descansar y airearse para tomar de nuevo el ritmo. Sería tan duro que la propia maquila no aceptaba que se trabajara más de seis horas, y no podía tampoco hacer un doble turno. Salía una cuenta por la otra. Yo terminaba esa jornada a medio día, habiendo entrado por la mañana, y a las dos de la tarde cogía turno en otra fábrica para pegar marquillas en ropa fina de dama. Era al destajo y se podía trabajar en la casa. Daban las dos o tres gruesas de camisas para enmarquillar y cuando se terminara la tarea, daban otro tanto. Eso me daba cuatrocientos semanales. Sumando, me hacía casi los cuatro mil pesos al mes, lo que era ya dinero. Ahorré, y pude ahorrar porque no tenía novio ni nada. Las cervezas con mi prima, y de vez en cuando un cine, o un jaripeo. Vacilábamos; era el único descanso. En Puebla no había jaripeo, y en el norte, tierra de ganado, les gusta mucho asistir a todas esas faenas con toros. De novata me gustó cada vez más esa fiesta y me enamoré de un charro, el charro Bañales, que montaba toros, pero que nunca me miró. En cambio, yo lo miraba desde cuando salía al ruedo. Lo miraba cómo se vendaba las muñecas para que no se le fueran a abrir cuando hiciera fuerza; lo miraba cómo se alisaba el pantalón, cómo se amarraba las botas, y sobre todo cómo se montaba en el toro y cómo lograba mantenerse montado mientras el animal saltaba y saltaba por toda la arena. Hasta que un día el toro, que era *veleto*, le clavó un cuerno en un ojo y traspasó al charro de lado a lado. Cayó muerto porque no se vio mover sobre la arena. Quedé mucho tiempo oyendo el ruido que hizo el cacho entre la cabeza del hombre.

Trabajé en el horno hasta que me dolió el pecho. A mí me daban dolores de garganta y de cabeza por el cambio entre el calor y el frío, pero pensaba que eran catarros cogidos por los olores fuertes e irritantes que me tocaba respirar. No podía quejarme porque estaba ganando lo que quería ganar, hasta que un día el dolor en el pecho se concentró como una punzada justo bajo el escapulario. Se metió ahí, terco, y no quiso salir ni saliendo. La punzada llevó de la mano a una herida como de peladura por dentro; una peladura sin sangre da miedo. Y no había sangre. Yo miraba mi saliva y nada había. Pero un día tosí, tosí y se arrancó algo que tenía metido dentro y que cuando se arrancó, dejó un dolor arraigado y profundo. Vomité sangre. La sentí caliente.

Traté de ir a los servicios, pero no alcancé a llegar. Me caí. Me revoloteaban sombras como zots por la cara. Oí a *la súper* cuando ordenó que me llevaran al hospital, y fue allá donde el médico me dijo:

—No es nada, es demasiado trabajo. El calor del horno le hace daño.

Me recetaron tres días de hospital. Al día siguiente una monjita, que era asimismo enfermera de turno, me confesó lo que yo ya sospechaba:

—Usted no tiene ni gripa ni cansancio. Usted ha contraído una enfermedad como la tisis debido a los vapores plásticos que respira en su trabajo.

Era una hermana bonita y muy amigable. No hablaba como monja sino más bien como médica. No me habló de los santos óleos sino de mi pulmón; me dio los ánimos necesarios para preguntarle al médico cuando llegó a darme de alta, dizque por que yo ya estaba sana y curada:

—¿Cómo así? ¿Si aquí sólo me han mirado la garganta y me han dejado dormir?

—¿Y qué más querías tener? —me preguntó el doctor—. Tú estás sana para bien tuyo y de tus hijos.

—Entonces, ¿no tengo nada?

Yo dudé en ese mismo momento de lo dicho por la hermana, que me miraba en silencio, y quise creerle al doctor. Uno es así, quiere creer lo que le gusta y mi gusto era poder seguir ganando lo que ganaba.

—Nada —repitió el médico—. Nada. Tú lo que mereces es descanso, descanso para que el estrés te baje. Después vuelve a trabajar. Vete directo para tu casa y acuéstate, que tú patrón ya entenderá tu mal.

—Perdón, doctor —dijo la monjita—, pero ella está enferma y usted no puede mandarla a casa sin un examen de rayos x para mirar qué tiene en el pulmón.

—Hermana —respondió el médico—, el que sabe aquí soy yo, y perdóneme, pero su oficio es encomendar almas al cielo y esta mujer está sana.

Yo no sabía por dónde coger. Y la hermana me lo leyó. Mirándome a la cara me dijo:

—Usted ya es adulta y sabe lo que le conviene.

Me callé. La claridad me iluminó; podía tener ella la razón, pero si el cuerpo me daba, podía todavía trabajar un tiempo a costa de mi salud. Así que volví a la empresa dos días después.

Me recibió la *súper–súper*, la encargada de las *súperes*, y sin más me fue diciendo:

—Firme aquí, Flor, para poder seguir trabajando.

Y yo sin leer, porque leo muy despacio y en la fábrica todo tiempo cuenta, firmé. Firmé que nada tenía y que me sentía sana.

Me cambiaron de trabajo y volví a los empaques. El *estándar* había subido dos veces y ya yo no alcanzaba a cumplirlo ni por más que me esforzara. Era casi imposible, y entonces, una buena mañana, me corrieron. Y claro: lo que buscaban era salirse del problema de mis pulmones, que andaban enfermos y quejosos.

La monja fue la que descubrió mi enfermedad y la que me ayudó a demandar a la empresa por daños. Fue ella, además, la que me consiguió trabajo en otra maquila. Producía piezas para termostato. Era una fábrica pequeña, una maquila de otra maquila, y por esa razón no pedían antecedentes ni su computador estaba conectado a lo que llamaban la "base negra"; o sea, al listado que los patronos de las maquilas tienen con los nombres propios de quienes no aceptan para trabajar porque han tenido una desavenencia en otra fábrica, o porque son trabajadoras revoltosas, o porque están preñadas, o porque, como yo, estábamos enfermas. No pedían papeles, pero pagaban casi la mitad de lo que nos pagaban en las otras empresas. Es otro secreto de las bases negras. Yo sabía que legalmente me estaban robando, que se quedaban con la diferencia, y lo peor, que nada podía hacer distinto a aceptar. En ese mundo del dinero y del trabajo de maquila, cada cual es cada uno, y no hay vecinos ni amigos ni conocidos ni familia que valga y lo rescate a uno, o por lo menos lo defienda de tanto abuso, que era lo que debían hacer y dicen que hacían antes los sindicatos.

IV

YO DIGO AHORA QUE ESA FUE LA CAUSA de que a Rocío, mi prima, la perdieran.

Ella era, como yo, y como todas, trabajadora, y seguía trabajando en una maquila que fabricaba tubos para televisores. Una maquila que también era maquila de otra, más grande, que sacaba el televisor completo. Yo la veía poco. Como yo no salía sino de vez en cuando a tomarme una cerveza con ella y sus amigos, poco nos mirábamos, aunque ambas, como sangre que éramos, sabíamos de nosotras. Pero hubo un tiempo en que no la volví a ver porque yo no volví a llegar al bar donde sabíamos toparnos. Pasaron dos semanas hasta que me encontré con una amiga de ambas, Marina, y me preguntó:

—¿Qué es de la vida de Rocío?

—Pos más sabrás tú que trabajas con ella.

—Nada sé, no volvió. Creíamos que había dejado el puesto en la maquila. Se veía aburrida.

—No, nada sé yo tampoco.

—Se me figura que está enferma.

Y nos fuimos a buscarla a la casa donde rentaba una alcoba, pero allá tampoco sabían de ella. Pensaban que se había ido a Pasimón, como nos dijo una vecina.

—Pos no —le aclaramos—. Ella no se ha ido. Mas veré si a Pasimón llegó sin decir nada.

—Ella salió —nos informaron— un día como todos a trabajar.

Yo llamé a Pasimón, y me dijeron lo peor:

—No, Rocío no está aquí. Y no volvió tampoco a telefonear.

A mí se me heló el corazón con la respuesta. Porque entonces, ¿dónde andaba? ¿Se habría ido con un chamaco? Pero ni en la casa ni en la maquila se le conocía novio fijo. Ella tenía amigos y tomaba con ellos, pero no tenía de asiento a nadie. Por eso comenzamos a buscarla ya con el credo en la boca. A su amiga Marina le revoloteaban como zopilotes los malos presagios. Yo no dejaba borrar la yema de la ilusión. Comenzamos por lo menos negro, por la cárcel, porque al final, si está presa, está viva. Ya el miedo hacía pensar mal. O bien, porque en las cárceles no aparecía. Ni en los cuarteles de policía, ni en los calabozos de la PGR, ni en la penitenciaría. Nos encontrábamos con Marina todos los días a la salida del trabajo y a buscarla nos poníamos. Después de las cárceles, tocaba los hospitales. Nada, tampoco. La misma respuesta de la policía y de la procuraduría era la de médicos y enfermeras:

—Aquí no ha ingresado nadie con ese nombre.

Nos dijeron que don Inocencio, un nahual taraumara de esos que ya no quedan, podía ayudarnos y al pueblo Creel, en la Barranca del Cobre, fuimos a parar. Pero el *tata* vivía en otro pueblito llamado San Ignacio, y allá lo encontramos. Nos dio muchas vueltas para decirnos que nos podía ayudar, pero que eso nos constaba dos mil pesos. Le respondimos que sí, mientras nos mostrara para dónde iba la huella de Rocío. Acordamos el negocio. Nos pidió meternos a Rocío en el pensamiento mientras él fumaba tabaco y daba vueltas como un loco poseído en redondo de una hoguera encendida con madera de nogal. Bailó y dio vueltas hasta que cayó de espaldas al suelo. Nosotras quedamos en silencio, mirándole esos ojos que seguían dando las vueltas que el cuerpo no podía. Hasta que, de pronto, dijo:

—Se la llevó la Flaca. La mataron.

No nos quiso encimar ni una palabra. ¿Rocío muerta? ¿Muerta? ¿Y eso por qué?, nos preguntábamos llorando con Marina. Sabíamos que era cierto y que desde el comienzo de la búsqueda era lo que las dos temíamos.

Uno no sabe si porque se le teme a la suerte, la suerte se venga y hace verdades los temores. Pero lo más doloroso, con ser tan dolorosa la muerte de la gente que es de uno, era no saber dónde la habían matado. En esos momentos no nos importaba quién la hubiera matado y tampoco la razón. Lo primero era encontrar el cuerpo. Hasta que uno no palpa el cuerpo de un finado, no cree en la muerte. Pero: ¿dónde buscarla? Volvimos a la Procuraduría. Nos dijeron:

—Vamos a buscar por la cara que ustedes dicen que tenía y por la ropa que ustedes dicen que usaba. Pero nada les prometemos. Vuelvan en una semana.

—¿Una semana? —preguntamos agobiadas—. ¿Puede durar tanto la respuesta sobre una muerte?

— Sí. ¿O ustedes creen que eso es como mirar fotografías? ¡No! Hay que mirar en las neveras y después constatar que se trata de la persona buscada. Es un trabajo dispendioso.

—Que sea dispendioso —reviró Marina— no quiere decir que tengamos que esperar ocho días aquí en la puerta.

—Pues tiene usted razón. Váyase para su casa, déjenos el teléfono y cuando localicemos a su amiga, la llamamos.

No llamaron ni esa semana ni la siguiente, hasta que una tarde, en el *Correo de Juárez,* sin saber quién les había dado una fotografía de Rocío, publicaron la noticia: "Encontrado en el desierto cuerpo de joven asesinada. Con este cadáver son 176 las occisas encontradas en condiciones similares". Daba detalles del sitio donde la encontraron. Unos perros la habían desenterrado. No creímos. Pero llorando volamos a la Procuraduría; nos mandaron a donde el forense, quien fue el que nos dio la noticia:

—Sí, es Rocío García, asesinada el 18 de agosto y encontrada el 28 de septiembre, hace tres días.

Fue terrible recibir su cuerpo en pedazos. Así nos la entregaron. Yo pensaba, mal pensaba, en los perros comiéndose sus restos sagrados y quería morirme con ella. Los metimos en la caja y sin seguir preguntando, la llevamos a enterrar. No quise avisar a su casa porque obligaba a sus hermanos a venir a ver sólo los trozos que habían sido el cuerpo de Rocío.

Poco a poco con Marina fuimos averiguando la historia. Ella salió como siempre del trabajo. No la vieron nunca ni preocupada ni llorosa. Había contraído deudas, como todas, pero eran pagaderas. No tenía novio, aunque era una chamaca buenamoza. La vieron tomándose la cerveza de siempre en la misma parte y salir con un hombre grande que nadie había visto y que parecía ser chihuahuense. Pero de eso no hay seguridad porque nadie habló con él. Se fue y fue después que apareció como quedó. Muchos dicen que era otra muerta para hacer experimentos. Pero a ella no se le veía, dijo el forense, que la hubieran operado antes de matarla. Estaba violada, sí, pero completa. ¿Quién viola tantas mujeres? ¡Antes de ella había ciento setenta y cinco mujeres muertas y violadas y ni un solo preso! ¿Quién puede hacer tanto mal? ¿Y sin que nadie lo castigue? Uno no debe pensar mal, pero el dolor lo lleva por caminos que solo él conoce y uno empieza a desconfiar de las autoridades porque son ellas las que tapan hechos de sangre. La Procuraduría responde con rabia y amenaza con meterlo a uno a la cárcel si se sospecha de la autoridad.

V

CON LA MUERTE DE MI PRIMA se me confundió la vida. Desde ese día me cambió todo. Lo que quería y lo que no quería, lo que buscaba y lo que no buscaba, dejó de preocuparme. El dinero se volvió lo más importante. Comencé a medirlo todo con dinero. Por eso la cadena de trabajo me fue encadenando. Conectaba cables a cables, cables rojos con cables rojos, azules con azules, amarillos con amarillos. Mi rendimiento comenzó a hacer subir el *estándar*; a mí eso me ayudaba porque me daban una bonificación. En cambio a las otras compañeras las perjudicaba, porque tenían que trabajar más por la misma lana. Yo las llamaba fondongas. Sentía en el aire el odio que les producía mi rendimiento y mi trato con los patronos. Entre más odio les sentía, más rápido trabajaba yo, pero más sola vivía porque nadie me quería platicar. Me miraban con odio y yo sentía que la venganza podía venir en cualquier momento. A uno lo van volviendo duro y cuando se engancha en el mundo del dinero, no hay frontera que no se rompa. Ni siquiera la que nos separa de los gringos.

Yo iba bien, pero la maquila no. Comenzamos a notar movimientos raros. Un día fueron unos señores muy serios y empacaron las máquinas troqueladoras sin pedir permiso; las empacaron en cartones y se las llevaron en un doble troque. Los patrones se

veían con caras largas. Una semana después nos dijeron que no
podían pagarnos el sábado, día en que recibíamos el cheque. Nos
dijeron que el lunes cancelaban porque no habían logrado sacar la
lana del banco. Uno vive al día y así, ese fin de semana me tocó
quedarme en la casa haciéndoles el quite a los acreedores. Vivía a
crédito. Todas las semanas pagaba la renta de la alcoba, la alimentación, y las cuotas de la ropa. Dos semanas después nos volvieron
a demorar la paga. Todas las obreras sospechábamos que la maquila tenía problemas, pero sólo nos dimos cuenta de que estaba en
bancarrota cuando un lunes llegamos a trabajar y había piquetes
de huelga a la entrada, y varios pasacalles que decían "¡viva la huelga!" Extraño, pensamos. El sindicato, que nunca habíamos oído
nombrar, estaba a la entrada gritando abajos y vivas. Era gente desconocida. Ninguno de nosotros sabía de la huelga y cuando preguntamos quiénes eran los huelguistas y qué querían, un supervisor general confesó:

—Tenemos que hacer el movimiento para que no nos embar-
guen toda la maquinaria, para que no se lleven la materia prima,
para que ustedes puedan trabajar. Así que lo mejor que ustedes
pueden hacer es sumarse a la huelga. Hay que defender al patrón
para poder trabajar, hay que defender el trabajo.

Así fue: decidimos defender el trabajo y aceptar el *show* montado por los patrones. Levantamos nosotras mismas las pancartas,
fabricamos otras con consignas más claras, levantamos barricadas
con sillas y canecas, y nos enfrentamos a las autoridades que llegaron muy pronto a "controlar" la situación. La mera presencia de
la policía antimotines encendió a la gente y ayudó a organizarnos.
Uno sentía en la piel las ganas de defenderse de los uniformes; la
policía y la justicia nunca están del lado de uno. Los directivos del
sindicato miraban con miedo. Nunca pensaron que nosotras íba-

mos a responder tan rápido y sobre todo con tanto coraje. El día lo pasamos gritando: "Viva la huelga, viva la huelga". Por la noche nos reunimos en casa de un grupo de ayuda a mujeres de maquila llamado Factor X. Es una gente que sabe de nuestros derechos y de los modos de hacerlos cumplir. En esa reunión estaba la hermana enfermera que había conocido en el hospital. Andaba como cualquiera de nosotras, con bluyines y chamarra. Era una mujer echada para adelante y que llegaba primero que todas a donde se tenía que ir. Como ella me reconocía, mis compañeras me quitaron la inquina. Nos dijo:

—Es hora de cobrar, es hora de convertir la huelga que salvaría al patrón en un movimiento para que ustedes ganen sus derechos. Si los patronos quieren usarlas a ustedes, úsenlos ustedes a ellos. Quizás salgan ganando ambas partes, pero si ustedes no actúan, ganarán sólo ellos.

¿Y quién dijo echar para atrás? Desde ese momento entendimos que la mecha prendida por los patronos iba a ser la de nuestros derechos. Al día siguiente, muy de madrugada, estábamos todas presentes y listas para pelear con quien fuera: la policía, los patronos y el sindicato. Así, en ese mismo orden, fuimos enfrentando enemigos. Los "viva la huelga" se volvieron "abajo los malos patronos"; los "viva la justicia" se volvieron "vivan las ocho horas de trabajo, abajo los despidos, abajo los *estándares*, abajo los bajos salarios". Los del sindicato se metieron a rompernos los carteles diciendo que estábamos perjudicando la causa, y de un momento a otro la cosa se puso fea: hubo gritos, puños y patadas.

La policía entró a quitarnos de las manos a los dirigentes sindicales y al grito de *¡contra la policía también!* comenzamos a echarle piedra. Fue una batalla. La hermana tiraba piedra como nosotras y fue ella la que propuso quemar unas gomas viejas para hacer una barricada. Lo hicimos. La noche de ese día de pelea llegaba. Sabíamos que cuando se fuera el sol, la policía iba a cargar contra nosotras y a cargarnos a muchas para presentarnos como delincuentes, como comunistas. Hacia las diez de la noche todo era silencio. La policía se había ido en *las bolas* llevándose a los dirigentes del sindicato para defenderlos. El silencio y la oscurana nos rodeaban. De repente cortaron la energía eléctrica. La hermana nos dijo:

—Es la señal de que la policía regresa a sacarnos. Prepárense, cojan lo que puedan para defenderse. Si nos sacan, hemos perdido.

La oscuridad era total. Encendimos otra vez los neumáticos para poder vernos sin darnos cuenta de que con el resplandor la policía nos podía mirar desde donde no la podíamos ver. Eso les permitió aproximarse y cuando sentimos que estaban cerca, estaban ya adentro. La pelea fue grande. Nos les prendimos a sus uniformes como arañas y a patadas y mordiscos tratamos de hacer valer nuestros derechos. Pero las balas pueden más, y cuando regresó el día, muchas de nosotras estábamos detenidas por conspiración e intento de homicidio.

En la maquila quedó mucha gente peleando con la hermana, que era un pez resbaloso para echarle mano, y fue ella la que continuó la lucha desde afuera y en cierto modo terminó ganando.

Nosotras, las que estábamos presas, salimos tres días después a firmar un acuerdo entre las obreras y los patronos, que se comprometían a pagarnos mejor, a darnos descansos cada dos horas, a rebajar los estándares de producción, a no contratar más obreras si no había aumento de la producción, y a crear un tribunal de acuerdos para resolver las quejas. Firmamos.

Las primeras semanas fueron de entendimiento y todo iba bien. Nosotras cumplíamos y ellos también. Pero cuando ya llegábamos al primer mes, se comenzaron a torcer las cargas y a presentarse desavenencias entre nosotras y los patronos. El sindicato, viendo que la situación se ponía difícil, no volvió a la maquila. Olió el tocino y el día de pago, se presentó el jefe de personal con unas cuentas falsas. A ninguna nos salía lo que nos habían prometido, pero el hombre, una persona muy hábil en su modo, nos convenció de aceptar y firmar dos cuentas. Un paz y salvo y un pagaré. El primero equivalía a lo que recibíamos en dinero efectivo y que era la misma cantidad de siempre, y el segundo a una promesa que dizque iban a cumplir más adelante. Es decir, ni un centavo más. Se trataba de un desconocimiento del acuerdo, porque el aumento no aparecía sino en el pagaré. Se nos dijo que era sólo por esa vez, mientras la empresa se recuperaba de la pérdida que había tenido por la huelga, huelga que los patronos mismos habían iniciado. Aceptamos porque no podíamos sacar agua de una peña y al mes siguiente, llegó un abogado con el mismo cuento, y las mismas cuentas: un paz y salvo y otro pagaré. Al tercer mes, fue igual. Otra vez el abogado nos propuso que con el capital que nos debían entráramos de socias de la empresa. Nos reunimos. Unas decían que sí, otras que bueno, otras que quizás y otras que no, como en el bolero. Ganaron las que estaban por el sí. El abogado se fue contento, frotándose las manos y con el maletín lleno de firmas. La hermana nos miraba con ojitos de tristeza. Parecía decirnos: "Ustedes han perdido, las dividieron". Tal cual. Al mes siguiente llegó otra vez el abogado con otro cuento: nuestros aumentos se llamaban ahora dividendos. Nuevo torniquete. La empresa, como sabíamos desde la primera huelga, se había declarado en quiebra y no tenía cómo responder ni con qué cubrirnos el acuerdo.

Nosotras teníamos que seguir luchando por nuestro trabajo, y no sólo por el que ya habíamos hecho, sino por el que podíamos seguir haciendo. Organizamos una protesta que fue muy sonada, la más sonada de las que Ciudad Juárez ha visto pasar por sus calles. Recorrimos la Avenida 16 de Septiembre y luego nos parqueamos en la Plaza de Armas, junto a la catedral, y terminamos manifestándonos frente a la casa donde vivía uno de los socios más importantes de la empresa, una señora judía que llamó directamente al comandante de la policía y lo obligó a que nos diera garrote. Logramos solamente que la ciudad se enterara de quién era uno de los patronos que nos quería robar nuestro salario.

Cuando regresamos a la planta, estaba tomada por la policía. Unos días después llegó del Distrito Federal una resolución del gobierno autorizando la liquidación de la empresa, cuando ya todos sus haberes se habían trasladado, bajo protección de la policía, a otra zona de la ciudad y, con nuevo personal y otro nombre, la maquila volvía a fabricar lo que producía siempre: piezas para termostatos.

Nos dimos por vencidas. No había manera de poder defender nuestros derechos.

—Perdimos, perdimos —dijimos, y aceptamos llorar nuestras propias lágrimas.

Durante unos días de vueltas y vueltas por la ciudad pensando y buscando qué hacer, en qué trabajar. Buscar lo que no se encuentra es una tortura larga. Uno comienza a sentirse perdido, a desmontar ilusiones, a culparse de tanta desesperación. Yo no tenía obligaciones sino conmigo misma, pero esa carga era suficiente. Tampoco tenía ahorros. Sólo podía recargarme en hombros de mi gente, que fue la que me alargó la mano dándome de comer y abriéndome la ruta a Nogales, donde yo no era conocida. Mi nombre allá estaba limpio y las maquilas estaban progresando a toda máquina.

Viajé a Nogales. Otra frontera. La gente se amontona sobre unas lomas peladas y amarillentas; en todas partes se oye trabajar; hay movimiento. Yo llegué a buscar a un amigo de una amiga. Muy atento, muy serio. Me permitió acomodarme en su casa, que era pequeña. Desde por la mañana había mucha agitación. Gentes entrando y gentes saliendo. Era raro porque no era ni una fábrica ni un almacén ni una bodega, pero parecía un terminal de camiones. Después de dos días, el amigo me propuso trabajar con él. Dije que sí, que encantada, que de qué se trataba.

—Pos de llevar fayuca al otro lado —me respondió—. No es peligroso porque no se llevan ni armas ni drogas, sólo trajes que se maquilan aquí y se venden allá.

A mí me pareció fácil y como en esos días no estaban pidiendo sino la mera identificación mexicana en la aduanilla, acepté el invite.

El trabajo era sencillo: me daban una maleta con blusas, corpiños y bragas, toda ropa de mujer, y había que entregarla en una dirección de Nogales City, al otro lado.

—Uno no puede hacer sino un viaje semanal, porque de lo contrario, la migra puede sospechar y termina uno en la cárcel —me explicó el amigo.

Yo acepté el trabajo. Traicionaba mis principios, pero el perro muestra los dientes con la necesidad.

Me advirtieron, cuando me entregaron la maleta, que debía pasar por la fila número once, y por ahí pasé. El migra me miró, me preguntó qué llevaba, le respondí como me habían dicho que respondiera:

—Trajes femeninos.

Por la tarde regresé con cinco mil dólares a la casa de mi amigo. Me sorprendía tanto dinero por una maleteada de ropa,

me sorprendía tanto reglamento para pasar la aduanilla y me sorprendía sobre todo mi tranquilidad, sabiendo que tantas cosas no
eran de balde y que yo no llevaba ropa sino un gato encerrado.
Sabiéndolo como lo sabía, me mentía diciéndome que el negocio
no era mío, pero una campanilla me sonaba en la cabeza: de eso
tan bueno no dan tanto. Y un día, mis sospechas escondidas se
hicieron visibles: uno de los trajes llegó mojado porque yo había
caminado en medio de un aguacero, y cuando lo fui a entregar, la
maleta olía raro: era como un olor a cemento, a cal, al amoniaco
que yo había conocido cuando respiraba los vapores del plástico en
la maquila donde me enfermé. Era un olor penetrante que me dio
miedo el sólo olerlo. Quien me recibía la mercancía se dio cuenta
de mi sorpresa y me dijo, tratando de parecer tranquilo:

—No se preocupe, amiga, que esta vez no tiene que llevar
verdes.

Regresé con la maleta vacía. Cuando le conté a mi amigo lo
que me había pasado, me dijo:

—¿Qué le vamos a hacer si a veces las cosas son así?

Había algo raro en todo ese tamal escondido entre hojas de
silencio. Yo no quise trabajar más con ellos. Ya había ahorrado un
dinero que me servía para aguantar mientras encontraba otro quehacer, y al fin encontré en Juárez una maquila de piñatas. Hacían
piñatas para enviar a Estados Unidos. Yo no podía creer que se
estuviera produciendo una cosa que los gringos no conocen y no
saben qué es. El *súper* de mi nuevo trabajo me lo explicó:

—Es que de tanto haber mexicanos al otro lado, de tanto
pasar y pasar, allá se vende todo lo nuestro: para allá van no sólo
piñatas, sino dulces de tamarindo con chile, paletas de Michoacán
y hasta chapulines se exportan al Norte. ¿Cómo no se van a llevar
piñatas habiendo tanto infante que sólo sabe de alegría rompiendo

sus ollas? Es mejor llevar piñatas y no ropa almidonada con cocaína —me dijo haciendo un chiste.

Fue entonces cuando me di cuenta cabal de lo que yo había estado llevando a Estados Unidos, y que de haber caído con una fayuca de esas hubiera terminado mis días en una cárcel, respondiendo como burro por un negocio que no era mío. Aunque trabajar en una maquila de piñatas era raro, pos así era: una maquila de piñatas. Se hacían de cartón y no de barro, se les ponían cintas de colores en sus cachos brillantes y se les llenaba la tripa con dulces de leche, dulces de maní, dulces de chile. A mí las piñatas me traen recuerdos tristes, me acuerdan del abuelo, del día que se murió dejando su calorcito entre mis manos. Pero hacer piñatas con colores me traía también al corazón esa alegría de niño que una va dejando cuando camina para volverse grande. Mi decisión esta vez no tiene sino una sola cara: haciendo piñatas para niños, me volveré vieja.

5

EL PASO DE LA BALIZA

Un día tomé un camión para Guatemala. Amanecí con la rabia más abultada que siempre, una rabia nacida del rencor que crecía entre pecho y espalda y se volvió una carga muy pesada. Yo digo que estaba hecha de tanto sufrimiento como el que uno tiene que aguantar. Sacando cuentas, llevaba veinticinco años pescando langosta en el golfo de Fonseca sin que hubiera podido terminar de construir la casa, y eso contando con que Marina, mi mujer, trabajaba como criada en el Hotel Las Rocas, donde me compraban todo el marisco que llevara al precio que ese día les dictara el hígado. En cambio, a Silverio, mi compadre, que se atrevió a dejar a su familia para irse al Norte, se le veía crecer en casa lo que se ganaba trabajando y cuidando jardines en San Diego. Cada día algo nuevo tenía. Todo lo que él mandaba, se le traducía en progreso; en El Salvador su casa iba creciendo, sus hijos iban a la escuela todo el año, y su mujer iba a la peluquería. En San Diego ya tenía televisión y un auto para transportar la herramienta y salir a pasear los domingos. Lo mejor: no trabajaba los *weekends*. Iba a la playa en Solana Beach a descansar, mientras yo en Fonseca no hacía más que sacar langosta para venderla regalada.

Llegando a la ciudad de Guatemala tomé otro camión para México. Al comienzo del viaje no hablé con nadie porque me sentía huyendo. Desconfiaba de todo el que se me acercaba, o del que meramente me mirara. No sé si sería vergüenza o miedo, pero uno les huye también a las miradas de los mismos que son como uno. Me fui topando con otros como yo y poco a poco me fui aflojando. Fue como un encuentro entre viejos conocidos. El miedo se fue. Nos miramos y nos reconocimos como familia, como paisanos, como compañeros de suerte.

No fueron pocos los que se subieron al camión para ir a México y que conmigo venían desde Salvador. Cuando nos confesamos con las miradas para dónde íbamos, la amistad fue haciéndose sola, porque sabíamos que solos andábamos. Esa soledad había que matarla. Ahí anidan los miedos. A pesar de que era tierra de Guatemala, hecha como de volcanes a medio apagar, olorosa a lo mismo que la de uno, ya las autoridades no eran las mismas y esa es la diferencia que pone la piel como pizco en navidad.

Llegamos a la frontera donde empieza el Norte. Por los lados de El Carmen dimos un rodeo a pie de más de cuarenta kilómetros, y salimos a las propias calles de Tapachula. Después, en camión, Huixtla, Tonala y por ahí sin respirar a Oaxaca y hasta allí alcanzó el dinero.

Los que saben, que no escasean, dijeron: "La falta de lana no es motivo de tristezas, para eso hay trenes". Y así fue. Tren de carga hasta el Distrito Federal. La cosa se veía desde el piso más fácil, y los trenes más bajos, y más lentos. Sin embargo, subirse al tren andando, como tiene por obligación que hacerse, es un paso que se da entre dos mundos, porque la pelona está esperando en el hueco que hay entrambos. Se va cogiendo práctica, se les va midiendo el tiro a los pies y a las manos, se va sabiendo a qué velocidad debe uno correr y cuándo dar el salto para dejar la tierra quieta e irla mirando cómo se va quedando triste. Después uno, ya seguro y triunfante, se acomoda para llegar a la siguiente estación. En el salto hay mucho peligro agazapado. Yo vi gente que no logró agarrarse con fuerza, o que se zafó de la manija, o que se resbaló al saltar. A mí me atormentaban las manos sudorosas, porque con ellas mojadas era más difícil prenderse. Cuentan que no pocos, al caer, ruedan sobre la carrilera y el tren los vuelve papilla; a otros las ruedas les cortan pies, manos o piernas y quedan agradecidos de que ese demonio no se los coma del todo. Hay muchos mutilados por las ruedas de los trenes en los hospitales de Tuxtla Gutiérrez y en los de Oaxaca. En los de Puebla hay siempre un pabellón para los que no pudieron continuar el viaje pero tampoco regresar porque quedaron incompletos.

Temíamos mucho a los *garroteros*. Son chamacos fuertes que los dueños de los trenes, o los maquinistas —o sabrá Dios quiénes— contratan con garrote en mano para buscarlo a uno y bajarlo a golpes. A veces andan con armas de fuego. No hay apelación con ellos y ni que hubiera y aceptaran morder, porque ya ninguno de nosotros después de la frontera llevaba dinero. Seguro que su gusto es morder, pero no teníamos qué darles, así que uno tenía que andar atento y, al verlos subir al vagón, debía saltar a otro por obligación y hacerle la gambeta sin que el garrotero se diera cuenta. Un día vimos que un hijo de la chingada se subía andando a la máquina del carro donde íbamos escondidos, y saltamos para todos lados. Era un acuerdo entre nosotros, los pelones, para que el garrotero no supiera para dónde coger. Por lo menos eso creíamos. Pero cuando saltamos como liebres, en vez de perseguir a unos y dejar libres a los otros, el hombre muy calmado se paró, se afianzó bien, sacó su pistola y nos quemó varios tiros. Nos agazapamos como pudimos entre los containeres y nos metimos por debajo de las carpas, porque ese tren llevaba carros con carbón y abono. El chamaco no quiso seguirnos. Confiaba en que nos quedáramos paralizados el resto del viaje y nos bajáramos en la siguiente estación a cambiar de tren, y montarnos a otro donde no hubiera garroteros armados. De todos modos, teníamos que bajar a comer algo, o mejor, a robar algo para comer, porque ya con los bolsillos vacíos y la tripa haciendo burbujas, no quedaba otro camino. Por obligación hay que bajar del tren para no morir de hambre. Y hay que hacerlo antes de la estación, cuando la máquina va bajando la velocidad. Hay que dar el *brinco del tobillo*. Muchos tobillos se revientan cuando la pata al caer da en desnivel. Uno se vuelve un ovillo al rodar y sentir el dolor. Y cuando uno se endereza, el tobillo ya está hinchado y amoratado. A muchos se les termina el viaje en ese salto. A otros se les puede terminar cuando con el tobillo enfermo tratan de volverse a prender al tren y no pueden porque no logran la velocidad que se necesita para dar el salto.

A Ciudad de México caímos medio enfermos de no comer, pero animados para echarle ganas y seguir. Más luego, entre miedos y hambres, llegamos por fin a Chihuahua. Ciudad de trenes y de soldados. El tren en que íbamos seguía para Juárez y dos de nosotros, que queríamos entrar al Norte por Tijuana, decidimos coger otro hasta Los Mochis. En esta línea hay de carga y de pasajeros. Intentamos viajar en uno de éstos, pero nos echaron mano fácil y al bote de Ciudad Cuauhtémoc fuimos a parar; nos sirvió porque cuando nos largaron al otro día, un policía preguntó si queríamos trabajar en la *esparraguera* de los menonitas, unos protestantes que cultivan espárragos, melones y avena. Tienen muchas vacas y los quesos que hacen son afamados. Como estaban en la Fiesta del Espárrago, todo el que quería trabajar encontraba: diez pesos la hora, ochenta el día; una buena lana para poder seguir nuestro camino. Aceptamos y trabajamos una semana. Al final teníamos unos tres mil pesos mal contados.

Volvimos al tren, pero de carga. Atravesamos la Sierra del Cobre, con sus cañones profundos como caminos de infierno y sus montañas altas como muros de prisión. Cuando caímos a Los Mochis llevábamos quince días de merito tren. Me cansé de tanta carrilera y decidí volver al camión. Ya tenía con qué pagar el boleto. Ninguno de los cuates quizo acompañarme. En Hermosillo salió la misma luna llena que me despidió en El Salvador. Estaba ahora más grande y más redonda. Daba gusto verla salir como señorita al baile. Pero en el camión se mira sólo televisión y uno, cuando no conoce para dónde va, cree que lo que va mirando en la tele es lo que está pasando afuera. Quizás por eso, cuando la policía nos paró en un retén, yo creí que iban a matarnos. Uno tarda en darse cuenta de que está despierto o, mejor, en cambiar de canal entre el de la tele y el de la vida.

Por la carretera marcada con el número 15, que es por donde el camión llega a Santa Ana para enrumbarse a Tijuana, hay muchos retenes de la Policía Judicial buscando droga. Bajan a los pasajeros, los esculcan y miran maleta por maleta, como si los narcos fueran tan pendejos de pasar cargados por esos retenes, que están siempre en el mismo lugar. Es como si se limpiaran las manos, haciendo lo que la gente cree que deben hacer. Porque todo pasa y todo llega al Norte. Es una ley. Una ley contra la ley.

Yo venía platicando desde Mexicali con una mujer gorda y chaparra que comió tortillas de maíz desde que el camión arrancó. Al principio eran humeantes y daba gusto sentir ese olor que levantan y que parece llevarlo a uno de vuelta a casa. Después, las tortillas fueron enfriándose y volviéndose cauchosas y poco gustosas. Frías parecen muertos. Como el hambre no da tregua terminé aceptándole las que le habían sobrado y ella, que se sentía ya lejos de su casa, comenzó a platicarme.

Primero de sus hijos. El mayor, Evaristo, tenía, según ella, veinte años, aunque yo mirándola pensé que me mentía, porque sus arrugas de la frente parecían haberla acompañado desde hacía mucho tiempo. Las arrugas que se miran como grietas y no como zanjas alcanzan a hacer sombra, y en la sombra se miden los días, y, sobre todo, decía mi abuela, las noches en vela. Sea que tuviera más o que tuviera menos el mentado Evaristo, ya nada importaba porque el chamaco estaba muerto, aunque su madre se empeñara en platicar de él como si todavía estuviera andando el desierto, por donde trataba de pasar al otro lado. Y no fue que Evaristo se hubiera muerto sino que lo dejaron morir, como se deja morir a un animal viejo al que no da ni curiosidad mirarle el último estirón. Ella decía que pasando los primeros cerros, el agua que llevaba el hijo se le había acabado. De tanto miedo mascó tortilla tras tortilla de las que ella le había empacado en un petate para que no le faltaran las fuerzas necesarias para la travesía de esas sequedades que Dios hizo a favor de los *güeros*. Y es que la tortilla necesita ir acompañada de lo que sea, frijoles o birria, o cuando menos un chile para que pase por el guargüero sin hacer daño y sin inflarse. Evaristo dio en pasar las tortillas con el agua que llevaba hasta que a poco perdieron la carrera y el chamaco se quedó sin líquido y con el sol sobre la cabeza haciéndole diabluras entre los sesos. La falta de agua enloquece antes de matar. El coyote que lo guiaba no volvió a mirar para atrás. Sólo le interesaban los dos mil quinientos dólares que Evaristo le había entregado. La mujer me aconsejó que era más seguro pasar por el Faro en las playas de Tijuana, donde la poca agua no es la enemiga sino la mucha, porque es un paso que se atraviesa por el mar, y que, según ella, tiene la ventaja de que se pueden llevar, si están bien cotejadas en plástico, hasta tortillas calientes. Yo no le creía tanta historia, pero su plática me sirvió para escuchar la propuesta del coyote que se subió en Tecate a proponerme el paso a cambio de mil quinientos dólares.

El plan era simple: él sabía dónde las *escuchas* de la migra eran débiles, sabía cuál era la rutina de la migra y así sabía cuánto se demoraba entre pasada y pasada. Esos minutos son suficientes para poner una escalera sobre la valla construida por los gringos para no dejarnos pasar, subir de dos en dos los travesaños, coronar la cresta, descolgarse al otro lado y correr a protegerse en una medio lomita mientras pasa el ojo de la migra. Detrás de esa línea, que es la peligrosa, hay horizonte: un pantano donde se puede uno guarecer y ya es San Diego. Si al caer al otro lado no había tiempo de llegar a la siguiente estación del viacrucis, como él llamaba las etapas del viaje, tendríamos la oportunidad de regresar, siempre y cuando le hubiéramos abonado algo en dinero, oraciones, fe y piedras a Juan Soldado, el patrón santo de los condenados por la injusticia. Escuché el negocio para distraerme, porque veinte horas en camión son veinte largas horas, y como yo no tenía ni el asomo de aceptarle el trato, pude oírlo, preguntarle, ponerle trampas y mostrarme interesado sin necesidad de cerrar el negocio. Me pasa que a mí me convencen con facilidad cuando los cuentos son largos, bien echados y coloridos, y el hombre era un embaucador de esos que le venden a uno una pista de aterrizaje para mariposas. Yo pienso que el alma errante de Evaristo no me dejó caer en manos de ese coyote.

Tijuana es una ciudad grande que no se alcanza a mirar de un golpe porque está metida entre lomas. Tiene muchos por aquís y por allás que le enredan a uno la cabeza. Es extendida y bullosa, por lo menos a donde uno llega. Pero no tiene cara porque no tiene plaza con iglesia y de ser cierto que es capital, se espera encontrar la catedral, o por lo menos un zócalo. Aunque se divisa siempre una bandera tricolor ondeando tan grande que parece un ala solitaria gritándole en silencio a los *güeros*: "Esto es mío". Hay mucho movimiento. Parece que nadie duerme porque las cantinas, bares y discotecas nunca cierran. Uno se burla de los gringos pensando cómo pueden llegar al amanecer en busca de una mujer para acostarse. No importa cómo sea, con tal de que tenga las tetas grandes. Ellos llegan cargados del otro lado, y no más cruzan la baliza cuando estallan: se ríen, gritan, se emborrachan, se tiran al suelo, y como la lana les sirve para mucho, mucho hacen con ella. Y la lana va cayendo aquí y va cogiendo por los mismos canales y engordando a la misma gente. Porque muchos de los sitios donde gastan los *verdes* son de ricos, y muchos de esos ricos, son gringos. Total, la lana se pasea entre las mesas de los bares, entre los corpiños de las mujeres, y luego regresa al sitio de donde salió. En México sólo queda el calorcito con que uno la acarició.

Me quedó dando vueltas el nombre de Juan Soldado. Me fui derecho a su tumba a preguntarle, sin compromisos, por dónde pasar la baliza, o sea, la valla.

Juan Soldado era un soldadito al que su capitán ordenó cargar el cadáver de una mujer, y enterrarlo. Cuando la metía entre la tierra, el capitán, que era el que la había gozado y matado, hizo que lo sorprendieran. La gente se endureció contra el pobre Juan, y si no hubiera sido por el capitán, sale linchado. Lo cogió preso para protegerlo, pero la gente pedía a gritos que lo fusilaran; entonces el capitán, para quitarse la finada y el testigo y darle gusto al pueblo, ordenó la ley de fuga: lo dejó escapar para fusilarlo por la espalda mientras corría. La gente quedó tranquila, pero poco a poco la verdad fue saliendo, y cuando el pueblo se dio cuenta de la injusticia y del engaño volvió a Juan Soldado un santo, el santo que clama contra la injusticia. Él es el consejero de los pobres y el patrono de los humildes.

Yo me arrodillé ante su tumba. Hay muchas placas de acción de gracias pegadas en el mausoleo que la gente le ha construido, y hay retratos de Juan con su uniforme. No le entendí bien, por más de que traté de oírlo con todo fervor. Creo que los santos nunca hablan claro; dan indicaciones que uno, el creyente, debe completar y poner en limpio. Cuando me paré y lo miré de frente, supe, sin saber por qué, que mi camino era por Altar. Y para allá me fui. No tuve dudas. Tijuana, Reynosa, Agua Prieta, Nogales, todos los pasos al norte que habían criado fama quedaron descartados por indicación del santo Juanito. Volví a montarme en un camión para Caborca, y luego para Altar, que no queda en la baliza sino a treinta y cinco kilómetros, y que es el punto de partida, o sea la "plaza", donde uno encuentra ofertas, apoyos, orientación y consejo. Ahí está la Casa del Migrante. Llegué cansado pero echando ganas. Lo primero que hice fue ir al zócalo frente a la iglesia, donde se reúnen todos los que quieren pasar al otro lado, todos los que ya pasaron, regresaron y quieren volver a pasar y todos los polleros y coyotes. En Altar uno encuentra respuestas a las preguntas que lleva: sobre los caminos, sobre la migra, sobre el grupo Beta, sobre los hermanos Barnet. Es una plaza de mercado donde se vende y se compra información para pasar. Mucha falsa y mentirosa. Pero alguna, verdadera. Es difícil saber cuál es cuál porque donde uno se coja de la cuerda falsa termina fracasado.

Me puse por tarea oír ofertas. Unas que son para ricos: regresar a Chihuahua, ir a Ciudad Juárez o a Nogales y de ahí en avión o autobús climatizado a Tucson, Chicago, San Diego. Vale entre cinco y diez mil dólares el tiro. Pagan el viaje y la mordida a la *migra*, que es muy cara, carísima. Muchos de estos *pasos* son también de droga. Oí que se podía pasar como *burro* con un morral a la espalda cargado con cinco kilos de coca. Se los entregan a uno en Altar, y lo van cuidando hombres armados que disparan a cualquier intento de salirse del rebaño. La ganancia del *mojado* es el guía, y la mordida que vale entrar en el Norte. Uno entrega el morral y queda libre al otro lado. O cree que está libre pero anda ya delatado y a las dos horas aprendido por los oficiales de la *migra*. Otras propuestas garantizan un viaje en un camión pequeño, cómodo y seguro hasta la *entrega*. Cuesta tres mil dólares. Hay coyotes que cobran "en destino" pero claro, piden un adelanto de la mitad, que pueden ser seiscientos u ochocientos dólares, es decir, lo que vale en realidad el viaje, así que la garantía es una mentira. Hay polleros que cobran sólo la guía sin compromiso, pagándoles antes, y así el mojado va corriendo todo el riesgo y sólo aguantado por la palabra del hombre.

Yo no tenía mucho qué escoger en cuanto "plan". Sólo podía elegir el guía que me diera más confianza por su cara o por su pinta, por su plática o por el consejo de Juan Soldado. No se puede hablar con todos los que hay ofreciendo ventajas porque son muchos y cada noche va mermando la lana que uno lleva. Se contaban además muchos cuentos de trampas y de muertes. El de mis once compatriotas muertos de sed y perdidos en el desierto de Sonora, por ejemplo. No eran sólo hombres. Eran también mujeres y hasta niños. Creían que el desierto era sólo sol y no pensaron en sus cuerpos; llevaban agua, pero no zapatos y ni siquiera guaraches. Encontraron mujeres con las zapatillas de tenis rotas y los pies sangrando, con sus hijos en los brazos dándoles el último aliento. El coyote los había llevado hasta un sitio del cual no hay regreso y se les escapó. Cuando se dieron cuenta estaban abandonados en medio de las soledades del desierto, con el sol dando palo y la sed haciendo diabluras. En el desierto cualquier dirección es la misma, quien no conoce no tiene norte ni sur, ni adelante ni atrás, solo hay un arriba sin misericordia de candela y un abajo de sed. Ahí murieron mis hermanos. Murieron para que nosotros experimentáramos en su dolor. Por eso no abrí yo el oído a todos, sólo a uno, del que el santo me dijo era un hombre honrado. Me cobró trescientos cincuenta dólares, lo que yo tenía, por el viaje: Altar, Sásabe, Tucson, con todo incluido: pasaje en camioncito, paso de la baliza, travesía del desierto de Sásabe, agua, abrigo, comida. No tenía manera de confiar distinta a lo que la cara del hombre me dijera, y cerré el trato: trescientos cincuenta adelantados.

Salimos a las diez de la mañana en un camioncito para quince pasajeros. Tres mujeres y el resto varones. Íbamos en silencio, cada cual metido en su destino. El camino es una herida larga y recta en el desierto. Se ven pocas reses y las que hay se alimentan de cactus espinosos pero tiernos. Hay mucho ocotillo y zaguero, y pájaros carpinteros que martillan con su pico unas pencas llamadas *cirios*; golpes que a veces desesperan y a veces dan ánimos. La PGR, o sea la ley de Procuraduría, vigila en helicóptero, como para decir *vigilo*, porque no nos pararon ni una vez y se mostraban indiferentes con quienes sabían que éramos mojados e íbamos a pasar al otro lado. Les interesa. Como todos seguíamos al mismo pollero, al ver que no nos paraban, pensé que había un arreglo de por medio, y luego de tres horas de polvo aparecieron las primeras casas de Sásabe. Son hechas de láminas de caneca desenrolladas, tienen techos planos porque nunca llueve, y no se ve ningún movimiento. Tampoco en el pueblo, donde sólo hay tres cantinas, un granero y un restaurante en el que venden pollo asado. El silencio que veníamos acariciando dentro del camioncito se salió cuando paramos en la estación y me pareció que se regaba por todas las esquinas. Era un silencio espeso, como masa de tortilla que iba y venía acompañado siempre de miradas ocultas. Me sentí espiado y seguido desde que puse el pie en la polvareda que es el suelo de Sásabe. Había mil ojos en cada agujero, en cada ventana, detrás de cada puerta entreabierta. Uno tenía la sensación de que era la ley, o los gusanos de ella, o los coyotes a la caza. Nuestro pollero era un hombre recto que nos hizo servir pollo en picadillo con guaraches y pulque, que nunca supe de dónde salieron. A las tres de la tarde, como si fuéramos a Juárez, nos dio la orden de ponernos en marcha. Sólo llevábamos un petate y agua, según el consejo que habíamos recibido. Eran los primeros días de mayo, el sol se escondía a las ocho de la noche y el calor se sentía como un rayo al mediodía. Caminamos saltando sobre algunas risas. La gente es ingeniosa e iba de buen humor. Esperanzada. Yo tenía la seguridad de no haberme equivocado en el pálpito con el pollero, que parecía un hombre cabal. La noche nos orilló a las once y nos botamos a una cañada. A las cinco el sol nos despertó y a las seis volvimos al camino. El calor subía poco a poco, como saliéndose de madre, como escapándose del infierno. El agua no calmaba el cerco que nos tendía. La saliva escaseaba a cada paso, la boca parecía de piedra pómez. No daba ni hambre. Los pies se volvían torpes y el horizonte temblaba y se hacía quebradizo. El sol no nos rebajaba un rayo y las nubes ni siquiera pasaban de lejos. Sólo el guía se sentía seguro. A las once de la mañana paramos y nos guarecimos en otra cañada. A las cuatro de la tarde, repuestos por un sueño esquivo, volvimos al camino. Caminamos hasta las diez de la noche.

Cada día íbamos ganándole tiempo al sol y andábamos más de noche que de día, hasta que a la quinta jornada el que anocheció, no amaneció. Nuestro guía, a quien habíamos confiado nuestra lana y sobre todo nuestra esperanza de llegar al Norte, desapareció. Cierto que ya estábamos al otro lado de la baliza, pero nadie sabía si seguir o regresar. Peleamos unos con otros sobre cuál era el mejor rumbo, pero ninguno podía decir a dónde llevaba. Medio sabíamos la dirección que debíamos seguir, pero nadie se hacía cargo de guiar a los otros. La noche volvió sin que hubiéramos podido movernos del sitio donde nos abandonó nuestro pollero. El cansancio se nos metió por los músculos hasta los huesos. El agua que llevábamos ya no la bebíamos por buches sino a sorbos. A la madrugada oímos la voz de alguien que nos despertó:

—A ver, chamacos, no se dejarán derrotar por la suerte ni por el sol. Yo los saco del atolladero, no les cobro ni un real y como si fuera poco, les aseguro trabajo al otro lado, donde ya están. Pero no por estos sitios donde sólo se da la muerte, sino donde hay trabajo bien pago y mucho. Ustedes sólo tienen que firmar un contrato donde aseguran no robar y trabajar de buena fe.

Todos nos mirábamos como si acabáramos de nacer, y sin decirnos nada dijimos en nuestros adentros: "Hay que salir al precio que sea". Al rato los que no sabían firmar ponían su huella. Nadie leyó el contrato porque no había forma de oponerse a nada. Con tal de volver a vivir, aunque quedáramos en las pezuñas del enemigo. Tres horas después nos esperaba un camioncito en una carretera que va al *freeway* A-6. Allí nos cambiamos a un furgón cerrado que parecía de la *bola*. No supimos para dónde íbamos y cuando preguntamos, el guía nos dijo sin más:

—A trabajar al norte.

De tanto en tanto el furgón paraba, nos abrían la puerta y sin dejarnos bajar nos echaban agua con una manguera. Lo agradecíamos. En la noche volvieron a parar, abrieron la puerta y nos dieron una papilla hecha de maíz y papa. Calmaba el hambre. Al día siguiente, cuando por las hendijas se metía una luz muerta de atardecer, llegamos al destino. Aunque no nos querían decir dónde estábamos, alguien había logrado ver un letrero en el camino que decía San Bernardino, California.

A la bajada del furgón nos esperaba un hombre grandote y fuerte como un edificio. Nos miró a uno por uno cuando saltamos al piso, fue contándonos en inglés y cuando comprobó que éramos quince, nos llevó en fila a un gran salón.

—Voy a serles claro —dijo en un español muy mal hablado—. Ustedes ganarán diez dólares por hora alimentando mis vacas, que son sesenta; pero yo he gastado en traerlos y salvarlos de la migra mucho dinero, mucho. Y ustedes deben devolverlo por cuotas. Así que les descontaré tres dólares por el transporte hasta aquí. Ustedes tienen que pagarme el alojamiento y la comida, por lo cual descontaré dos dólares por hora; también tendrán que pagarme los uniformes y los zapatos. Total: por cada hora me cancelarán unos seis dólares y recibirán cuatro si no tienen gastos en la tienda que está abierta para todos. Ustedes han firmado un contrato. Aquí en California, los contratos se cumplen. Y una advertencia: si ustedes se van sin pagarme, los cazaré con la propia *migra*.

Nosotros nos miramos sin saber qué decir. Habíamos caído en una gran trampa y nos pasaron de mano en mano para borrar toda huella. Estábamos atados sin poder librarnos. ¿Quién podía defenderse del contrato, cuando ninguno sabía inglés y todos teníamos la esperanza de ganar en dólares y ahorrar una vez pudiéramos pagar las deudas? Todos estuvimos conformes, así nos ardiera la manera como nos trataban.

Al día siguiente, a las tres de la madrugada, oímos una sirena. No sabíamos qué pasaba. Alguno creyó que iban a incendiarnos, y otro aseguró que la *police* llegaba por nosotros. Nadie pensó que era el despertador para ir a trabajar en el establo. Oímos por un perifón:

—Favor vestirse con ropa de trabajo y salir al patio central a recibir las órdenes. Tienen cinco minutos.

Nos sentimos en un penal. Yo nunca he estado preso, pero he tenido familiares que por nada terminaron en la cárcel. En la guerra, a muchos se los llevaron y los metieron en campos alambrados por ser sospechosos de colaborar con el Frente Furibundo Martí. Uno sabe qué es una cárcel aunque nunca haya pasado por la puerta.

Al reunirnos, el *top* se presentó: Wenceslao Henríquez, y nos explicó cuál era nuestro trabajo. Nos dividieron en grupos más pequeños, todos mandados por gente hispana que allí trabajaba y que ya había pagado su deuda, según nos dijeron. Teníamos que limpiar los corrales de boñiga, cambiar el aserrín que cagaban las vacas, lavar con manguera, desinfectar el establo, ponerles a las reses una vez pastura verde, otra heno y dos veces concentrados. Ese era el oficio. Parábamos al medio día para comer y luego, a las cinco de la tarde, podíamos levantar la mano de obra.

Así duramos el verano y el otoño. Y en el invierno, nos sacaron cuentas: habíamos pagado muy poco de lo que adeudábamos. Dos o tres años duraríamos en cancelar y sólo hasta entonces podrían entregarnos los diez dólares por hora. Para ese entonces, con mi amigo Toribio Loaiza, mexicano de Chihuahua, ya habíamos ahorrado una lana y pensábamos escaparnos cualquiera fuera la pena. Hasta ese día habíamos vivido en el norte como esclavos. No habíamos probado su comida, no nos habíamos podido comprar una camisa americana. En nuestra tierra nadie sabía si estábamos vivos o muertos, hasta que un 5 de enero por la noche huimos. Paramos en Ocotillo Wells, un pueblo también en California.

Rentamos una alcoba pequeña y nos pusimos a buscar un puesto de trabajo. Había en edificación y agricultura muchas vacantes, pero cuando nos presentábamos nos pedían de entrada los papeles de trabajo y teníamos que volver la espalda confesando que no teníamos. Era humillante pero ante todo, daba miedo no poder comer, porque cuando la tripa jala no hay talanquera que resista. Uno se puede dejar morir de sed, a uno lo pueden matar de sueño, pero de hambre, habiendo qué robar o qué cazar, nadie se muere. Con Toribio habíamos visto venados en los caminos y en los bordes de los bosques y de los parques. Venaditos y venaditas con crías. Paseaban, comían hierba y no le tenían miedo al hombre. Si uno se les acercaba haciéndoles guiños con un trapito blanco, ellos, que son muy curiosos, permitían que se les llegara cerca. Si uno les ofrecía una zanahoria en una mano, podía acariciarles el lomo con la otra. Nosotros aprovechábamos su mansedumbre para clavarles una puñalada en pleno corazón. Porque cuando se trata de sobrevivir, no hay ley ni sentimientos que valgan. Caía el animal brincando y tratando de engarzarnos con sus cachos. Lo rematábamos pese a esa mirada dulcecita que, al principio, nos perseguía hasta mucho después de haber cocinado la última costilla del animal.

Muerto y aún caliente lo despresábamos con hachuela y cuchillos, empacábamos la carne en bolsas plásticas, y con ellas a un carrito que nos rentaban por horas unos paisanos. Así hacíamos cuando éramos principiantes. Era peligroso porque quedaba la sangre y porque si el venado no moría al instante, salía corriendo y nos delataba. Por esa razón ensayamos matarlo a flechazos o con lanza, y luego echarlo entero entre el vehículo y despresarlo en la alcoba. Se llenaba de sangre el piso, el lavadero, la cocina; la nevera, donde lo guardábamos, escurría sangre por debajo de la puerta hasta que la carne se enfriaba. El olor a sangre y a venado muerto se volvió el olor de la casa. Teníamos que limpiar con trapos o papel periódico las manchas y luego ir a lavarlos y a lavarnos al río, donde no nos vieran. Era difícil porque los gringos siempre están mirando, sobre todo, mirando a los mexicanos. Les temen. Creen que los invadirán algún día, o mejor, que recapturarán las tierras que les robaron en la guerra.

Un venado adulto nos duraba dos semanas y sólo comíamos su carne y sus vísceras casi sin tortillas. No teníamos con qué comprarlas porque debíamos pagar la renta de la alcoba donde vivíamos y del auto para poder ir a traer el venado. Robábamos de vez en cuando maíz, pero la tortilla con masa de semilla americana sale simple, no da gusto comerla. Podíamos robar en supermercados mexicanos, o latinos, pero nos lo habíamos prohibido. Si nos cogían robando y sin papeles, nos ponían en la frontera o nos metían al hueco. A veces trabajábamos como ayudantes en obras de construcción por dos o tres dólares la hora, pero cada día era más difícil porque los inspectores las visitaban día de por medio. A quien pillaban, lo expulsaban en veinticuatro horas, si era la primera vez; pero si era reincidente, hasta diez años de cárcel le daban.

Por eso decidimos aceptar una oferta: pagar renta por papeles. Es sencillo: uno va donde un contacto, y él le presta su permiso de trabajo en regla por la mitad de lo que uno gane. Si se ganan diez dólares por hora, cinco le pertenecen a él por la derecha. Uno comienza a ser la otra persona. Trabaja para el contacto, él tiene una denuncia puesta sobre robo de papeles que puede hacer efectiva con sólo abrir y cerrar los ojos. Queda en manos de quien le *rentó* los documentos, que tiene, al mismo tiempo, el nombre que uno usa para trabajar. Tan pronto uno los haya presentado a la ley y los patrones registrado el permiso, ya no necesita volverlos a mostrar, y así, su dueño verdadero puede alquilarlos de nuevo a otro. Una manera de ganar con el trabajo ajeno. Las autoridades lo saben, pero se hacen las pendejas. Yo me llamaba Juan González y en el condado habría, digo yo, por lo menos otros diez con el mismo nombre. Los mexicanos usan mucho nombre compuesto, hasta cinco. Por ejemplo: Ángel, Luis, Justo, Fernando, Juan. Se pueden combinar muchos y aparecer en los registros uno solo, o una combinación. Es muy difícil que se descubra el juego. Los meros dueños de los papeles y permisos cobran sus réditos diarios y se vuelven ricos a costa del trabajo de los *mojados*. Uno lo acepta porque de todas maneras se toca así la lana. Después del segundo mes, pudimos ir a comer una buena hamburguesa, tomar coca cola y comprarnos unos bluyines y unos tenis. Al mes siguiente ya teníamos televisor, y al cuarto estábamos mandando para la casa. En la mía se sorprendieron cuando envié el primer giro, porque me creían muerto.

La felicidad no duró mucho. Trabajábamos en una empresa que tenía un contrato con la alcaldía de Escondido para sembrar pinos y pinos. Había otras compañías competidoras, pero la nuestra, Los Pinos Hill, era la más famosa y la que más arbolitos plantaba. Le tenían mucha envidia porque contrataba mano de obra muy barata y los gringos consideran eso una trampa que se le hace no al obrero, sino a las otras compañías.

Aquella primavera habíamos plantado diez mil más que las otras empresas y nos acusaron. Cayeron los inspectores a revisar papeles, cuentas y contratos. Encontraron que la empresa había incumplido la ley y que nosotros éramos ilegales. Le suspendieron la licencia de contratista y a nosotros nos encausaron por "sustitución de persona". Cuando el dueño de los papeles supo, presentó su demanda de robo acusándonos de ladrones; nosotros alegamos que no era ningún robo sino que de mera buena suerte nos habíamos encontrado esos papeles buscando en las canecas comida con qué vivir. El juez nos miró como a bichos raros, sabía que le mentíamos, pero para él era más fácil expulsarnos que llevarnos a la prisión del condado. Así fue que de un día para otro, llenaron un autobús con nosotros, los *mojados*, y nos bajaron en la alcabala de Tijuana con veinticinco dólares entre el bolsillo y la advertencia que si volvían a cogernos, pagaríamos diez años en una cárcel federal. Soldado advertido no muere en guerra, dicen, pero la necesidad tiene cara de perro, pensamos los que nada tenemos a este lado.

Llegar a Tijuana deportado es cargar con el fracaso a la vista. No poder girar más a la casa es confesar la derrota, la derrota que el Norte siempre nos impone. Es triste, pero da más coraje que tristeza y más tristeza que vergüenza. Así que, ahora, estamos con Toribio y otros más alojados en la Casa del Migrante, haciéndole el aseo a una maquila por diez pesos la hora, pero sin trabajo continuo. Todos los días nos contratan dos o tres horas, pero hay veces que al llegar, ya el equipo está completo. Uno sobrevive así a la espera de que le vuelva a uno el coraje para volarse la baliza y regresar al Norte a pelear con esa telaraña de trampas y de engaños que tienen allá para derrotarnos.

6

LA DOÑA

I

HAY COSAS QUE NO SUENAN sino a la hora de la muerte. Uno nunca podría imaginarse que en la punta de una mesa estuviera escondida la pelona. Mi abuela, la madre de mi padre, se agachó a recoger una peineta que se le había caído al piso; era una prenda muy querida por ella que el viejo, mi abuelo, le había regalado el día del matrimonio. Ella, recordando quizás aquel día, no se fijó que estaba debajo de la mesa, y al enderezarse se golpeó contra el ángulo. Cayó muerta de rayo. Agonizó sola; se fue agarrando con sus manos de la peineta como si fuera el pasaporte para el otro mundo. El viejo enloqueció. En el velorio se apartó del cajón, se fue a la cama donde dormía con la abuela, metió la cabeza entre las almohadas y se descargó un tiro de gracia en la sien. Él guardaba sus armas de guerra.

Mi padre, como el abuelo, había nacido en Quepatenalgo, Guatemala. Duró muchos años peleando contra las dictaduras que desde Arbenz han manejado esa patria. Le guardó la espalda a Turcios Lima. En uno de los atentados que le hicieron al comandante, se salvó mi padre porque andaba de licencia y cuando gozaba de ella, se emborrachaba y regresaba tarde al comando. Los otros jefes sospecharon de él y él sin decir palabra, dolido, se les apartó para siempre. No pudo quedarse en Guatemala porque era muy conocido por las Patrullas de Autodefensa Civil, que ya comenzaban a financiar los gringos. Se vio obligado a huir a Chiapas para conseguir trabajo y enterrar entre miserias su pena de la orfandad. Trabajaba en una pista de chicle en la selva Lacandona. La goma tenía muy buen precio y se le alquiló a una compañía contratista que, en cambio, pagaba muy poco por cuezo, que es el recipiente para recogerla del árbol y al mismo tiempo la medida con que se tasaba el trabajo. Sacaban diez o quince cuezos diarios, y apenas si recibían un dólar por todos. Los chicleros raspaban la goma, la calentaban en los cazos, la extendían a secar en marquetas y la cortaban. Esto lo hacían en la misma choza donde vivían, una casa de guano, sin luz, sin nada. Después la vendían en el ferrocarril, donde en un vagón, la compañía tenía su oficina y sitio de compra. El ferrocarril era casi de esos señores compradores.

En Chiapas, o sea, en San Cristóbal de las Casas, conoció a mi madre. Ella tuvo cuna en Guadalajara, Jalisco, y nació el Día de las Mañanitas que se le cantan a la virgen milagrosa de Guadalupe. Son miles de fieles que se levantan de la cama en la madrugada y se van al zócalo, a recibir el día frente a la catedral celebrándole a la virgen su cumpleaños. Mi madre se ufanaba de esa fecha. Había llegado con su padre también a Chiapas buscando el destino.

Yo soy chiapaneca y soy la mayor de seis familias que nacimos, aunque sólo la mitad nos amañamos en este mundo. Los otros tres se devolvían al mero ratito, cuando de seguro miraban lo que les tocaba. Porque el chicle no daba. En la mañana tocaba dejar quemar la tortilla, la molíamos aplastándola con una piedra, y al polvo lo llamábamos café. En Chiapas el café se da muy bonito, y se exporta; vivíamos en la selva y allá era donde sufríamos. Por eso, un día mi padre nos montó en un camión y en Campeche nos detuvimos. Llegamos a un ingenio que se llamaba La Joya, donde se molía la caña de azúcar. Como papá sabía de electricidad lo ocuparon en un puesto más elevado en la fábrica y pudimos tener las tres comidas, con mucho pescado; todos los días él salía temprano a pescar. Ahí comenzamos a ir a la escuela. Aprendimos a leer, a escribir y las cuatro operaciones. Fue en esos días cuando murieron los viejos. Yo tendría catorce años. Sola, con dos hermanitos en el petate y con una pena tan grande, me fui con el primero que me hizo ojos. Me fui, pero no llegué porque el hombre se mató en un accidente justo antes de contraerme. Quedé huérfana otra vez. Y si no nos morimos de hambre fue por los pescadores que habían sido amigos de mi padre, y que todos los días, sin faltar uno, nos llevaban pescado, y a veces, hasta tiburón.

Justico por eso me enamoré de un comprador de pescado que llegaba cada ocho días, los jueves, sin falta, a comprar lo que los pescadores le tenían listo. Él vendía los animales vivos en los hoteles de Campeche, capital, donde se hospedaban gringos ricos que iban de paso hacia las ruinas del Fuerte de San Miguel. Me enamoré. Él era un hombre bien hecho, guapo, y, para mí, rico, de buena posición. Me dijo:

—Yo la quiero a usted. ¿A quién tengo que pedirla?

—A nadie —le dije—, porque yo tengo sólo dolores y obligaciones.

Entonces me dijo:

—Yo la llevo a mi pueblo y si mis padres la aceptan, nos casamos con su bendición.

—¿Y mis hermanos? —le pregunté.

—Pos vivirán con nosotros —me respondió—. Al fin ya son como sus hijos.

Su madre de él nos recibió, y con su visto bueno, su padre hizo lo mismo, y así, sin saber mucho lo que hacía, quedé casada y hasta con retoños, así fueran mis hermanitos.

Al principio sólo amores vivíamos. Mi cuerpo me daba lo que él me pedía y yo andaba contenta, sin reparar en defectos. Roberto, como se llamaba, abrió negocios de pescado en Monterrey, y tenía que viajar mucho. A mi lado no bebía, pero yo le encontraba la ropa oliendo a tequila. Él me negaba, pero a una mujer enamorada es poco lo que se le puede esconder. A veces discutíamos y llegamos a herirnos. Yo sospechaba que además de copas había faldas. Él decía que no había tales carneros, pero yo sabía. Él escondía. Dio en beber también en la casa. Yo tenía ya dos hijos de él. Mis hermanos trabajaban en el Distrito Federal. Le pedí el divorcio porque me encontraba botellas en los rincones de la casa y en la cuenta de teléfonos aparecían llamadas y llamadas a Monterrey. Cuando yo reparaba, él contestaba:

—Son negocios. Divorcio —me dijo un día— no le doy. Es mi padre el que tiene que dárselo.

Yo me fui derecho a platicar con el viejo. Me dijo:

—Mire, yo aquí acepto viudas, pero no divorciadas. Dios da el marido y la mujer lo vive hasta el último día.

—¡Pos no! —le grité—. Ahí le dejo esa vejiga de alcohol.

Y me fui con mis dos hijos. Pero no muy lejos de Campeche, con la esperanza de que él me volviera a querer. Después supe que se había ido a vivir a Laredo, y que las faldas en que escondía el alcohol eran americanas y no mexicanas. Más me hirió saberlo enamorado de una extranjera, de una enemiga de la patria grande. Lo dejé pasar. Yo trabajaba en un restaurante de playa entre jueves y domingo y con eso podía sostener a mis hijos. Pasaron los días de sus amores y de mis penas y una tarde regresó.

—Me extraña —le reproché— que siendo araña, te caigas de la pared.

Le puse condiciones: no beber sin mí. A mí no me gusta ni el tequila ni el mezcal ni la cerveza, y el vino me da sueño. Era una condición para poder llevarlo tenido de la rienda.

III

YO ME MENTÍ Y LO ADMITÍ. Venía envenenado. Mal aprendido. Era sabido en mañas que antes ni él ni yo conocíamos. Venía como si hubiera vivido en Sodoma o Gomorra, esos reinos del pecado que mientan las Escrituras. Traía entre su valija de viaje cosas, cosas difíciles de nombrar y más de mirar: una colección de órganos masculinos en plástico que quería obligarme a usar. Yo le decía:

—Hombre, no. Dios le dio a cada cual lo suyo y tratar de cambiarlo es un pecado grave. Use lo suyo en lo mío como es de ley.

Pero no era sólo ese cambio el que perseguía: dio en aullar como animal. Eso ya era raro. Me dejaba fría porque yo no acertaba a saber qué pasaba. Después le dio por ser animal en la cama. A veces era perro, otras gato; jugaba a ser caballo, o a ser toro. Yo quedaba arañada, o golpeada, o herida, porque sus juguetes y sus juegos eran de verdad. Yo le reprochaba, le decía, pero él no oía. Yo sabía que detrás de eso estaba su deseo por la gringa y nosotras las mexicanas hasta seremos putas, pero no les bajamos la cabeza a los extranjeros y menos si son ellas. Por eso, cuando él me dijo que regresaba a Laredo, le contesté:

—Pues sí, pero esta vez no se va solo. Nos vamos todos.

No hubo lugar a revire porque yo estaba empacando antes de que él decidiera. Yo sabía que uno hace al hombre, pero tiene que andar con él.

Desde la cárcel, donde después pasé un tiempo largo, recordaría este viaje muchas veces, como una película que tenía el proyector dañado y se repetía hasta la eternidad. Salimos todos, niños y viejos, en un camión hacia Laredo. En Reynosa *linqueamos* con el mismo coyote que lo había guiado a él la primera vez. Un hombre de confianza. Su misión era, según él, un deber. Pensaba que los Estados Unidos no sólo le habían robado a México la mitad del territorio sino que nosotros nada podíamos hacer sin que los yanquis, como los llamaba con rabia, lo permitieran. Su deber era pasar paisanos al otro lado para que, algún día, la bomba les estallara adentro. Por eso cobraba muy poco y, hecho el arreglo, uno estaba ya en Estados Unidos. Se llamaba Cruz Armenta, era como una mata del desierto: seco, serio y tostado. Su abuelo, contaba cuando se cansaba del silencio, "había matado franceses y su padre federales". No era cierto lo primero, porque no daba la cuenta, pero sí lo segundo. Su abuelo había andado con Máximo Castillo. Nacieron juntos en San Nicolás de Carretas, hoy Gran Morelos. El general fue escolta de Francisco Madero después de la derrota de Casas Grandes, pero el viejo no le reconoció su lealtad y un día lo agravió y lo sacó de su tropa. Ellos eran viejos valientes y agraristas. El general Castillo iba confiscando las haciendas de los grandes ricos de Chihuahua, como los Terrazas y los Creel, y luego iba repartiéndolas entre la gente de huaraches. Ellos eran campesinos y sabían de la tierra, capaces eran de poner al lado su 30.30 y coger el azadón para sembrar. Castillo y el abuelo de Cruz, que se llamaba igual, tenían otro modo de vengarse de los hacendados: se los llevaban

presos hasta que las familias los rescataban. Pagaban así el mal que
los federales les hacían. Más aún, su presa preferida eran los hacendados extranjeros y sobre todo, los norteamericanos, fueran o
no ricos. A los menonitas los secuestraban a cambio de los quesos
que producían y con los que ayudaban a sostener a su tropa. Por
eso el gobierno los odiaba y por eso les inventaron —contaba con
rabia Cruz— el tal crimen de La Cumbre. Allí el tren entró en el
túnel y los asesinos le cerraron las dos bocas y le echaron fuego. Ni
el abuelo de Cruz ni el general Castillo tuvieron que ver con ese
hecho. Los ricos, sus enemigos, se inventaron la historia. El crimen fue cometido por un bandido, un tal Gutiérrez, desalmado
que nunca fue revolucionario. Pero el presidente Wilson nunca
creyó en el desmentido del general Castillo porque además de
perseguir norteamericanos no era villista sino un zapatista en el
Norte, lo que quiere decir que repartía la tierra ahí mismo y no
hacía la promesa de hacerlo cuando se ganara la guerra, como repetía Villa. Por eso los Estados Unidos los buscaban y les echaron
mano a Castillo y al abuelo de Cruz, justo en Laredo. Los tuvieron presos. Al general lo soltaron y se fue a morir a Cuba, pero
Cruz Armenta salió viejo y lisiado de la cárcel.

Con las historias de nuestro coyote, el camino se nos hizo
corto y el paso fácil. Por primera vez vi con mis propios ojos que
los agentes de aduana norteamericanos —chicanos, es cierto—
mordían verdes como cualquier policía mexicano. Desde ese día
se me quedó grabada la película. No supe sino hasta mucho después que el recuerdo del agente y Cruz Armenta *arreglando* al
gringo, más que perseguirme, era yo la que lo perseguía. Era mi
modelo de trato. Una manera segura, barata y por las buenas de
ganar dinero y de ayudarles a nuestros compatriotas a vivir y a
luchar contra el Norte.

III

A LAREDO LLEGAMOS EN EL AÑO 85. Había mucha gente nuestra. Los gringos se hacían los zopencos con la migración porque les servía nuestro trabajo barato. Trabajo sucio que les convenía.

Mi marido siguió bebiendo, y volvió poco a poco con la gringa. Ella era viciosa, le gustaba la heroína. Era maestra de escuela y pasaba a México a conseguir sus dosis cada mes. En México la amapola es vieja y la heroína un gran desquite. A mi marido no le gustaba la droga. Lo sé porque uno como mujer, sabe. Nunca le vi un piquete de aguja, ni un morado en su piel. Transpiraba alcohol, que era diferente, pero a la larga, pienso que era lo mismo. El vicio se mete entre el alma.

Me arreglé un negocio que vi bien visto. En Estados Unidos no saben, porque no necesitan, reusar la ropa ni los zapatos; botan a la caneca mucha cosa a medio estrenar. Yo vi que esa era una oportunidad de negocio. Al principio metía la mano en las canecas buscando ropa y zapatos usados. Era difícil porque la basura en Estados Unidos es considerada propiedad del gobierno desde que está botada y sale de manos del dueño. La policía persigue a quien revisa las canecas. Había que ser hábil y rápido, porque si me hubieran pillado, no habría terminado en la cárcel de Laredo sino deportada en Reynosa. Yo recogía la ropa y sucia la empacaba y la enviaba a Monterrey, a donde mi hermana, que era comerciante. Ella lavaba las prendas, limpiaba los zapatos y vendía todo al público. Ganábamos el ciento por ciento. La sombra que nos perseguía era el delito de robarle al Estado americano. Por esa razón, después de comprobar que el negocio era bueno, se me ocurrió recoger la ropa usada en las mismas casas de los gringos. Les explicaba que era una ayuda para los pobres, y en realidad lo era, aunque los pobres éramos nosotros. Pero se beneficiaba también el puro pueblo, porque compraba más barato artículos de buena calidad. Éramos muy exigentes con mi hermana y no sacábamos al mercado una prenda rota ni unos zapatos malolientes. Hacíamos un control de calidad muy serio. Y nunca hubo reclamos ni devoluciones de nuestros clientes. Los gringos cambiaban como las culebras de piel cada año. Lo que se habían puesto en la primavera, lo botaban en el verano, y lo que en el verano habían sudado, no lo guardaban para el otoño, así esas diferencias de clima en Laredo no fueran como las del norte norte.

No digo que viviéramos felices, pero vivíamos. Los niños iban a la escuela, sacamos la *Security*, teníamos todos derecho al hospital; compramos un coche porque uno sin coche en Estados Unidos no existe, y menos sin licencia para conducir. Aprendimos inglés. Fueron cinco años. Nos fuimos acomodando. Había mucho paisano y la comida no nos hacía falta. A los niños menos, porque ellos comían sólo la comida gringa, la hamburguesa, el *hot dog*, las papas fritas. Lo que no nos dejaba en paz era el alcohol del papá ni sus andanzas. Un día me llegó con que los pepinos y las zanahorias eran *órganos* naturales, y ensayaba hacer el amor con ellos. Yo quería su piel, aunque apestara a tequila. No lo entendía y, como no pude disuadirlo, decidí agarrar a mis hijos y regresar a México.

Ya teníamos ahorrada, con el negocio de la ropa vieja, una casita en Monterrey, y otra lana puesta a interés. No era mucho, pero era lo nuestro. Yo veía que el ejemplo del papá era para los niños muy dañino. Sacrifiqué todo para que los hijos no imitaran al padre. Lo ahorrado me sirvió para hacer negocios pequeños, y me daba para sostener a los hijos. Íbamos despacio, sin atropellar, teníamos con qué comer. Pero un día encontré al menor llorando: "que mi padre me hace falta, que mis amigos de escuela me hacen falta, que yo quiero volver a vivir en los Estados Unidos". El mayor pensaba lo mismo. Yo no sabía qué hacer, ni qué decidir. Cuando eso me pasa, siempre el destino decide por mí. Un 24 de diciembre en la autopista Laredo-San Antonio, el papá de los niños tuvo un accidente. Su mujer iba drogada y al tratar de cambiar el casete, se descuidó y a ciento veinte millas por hora, pestañear es pecado. Se salieron de la vía, se estrellaron contra una barda, el coche dio una voltereta y cayó al abismo. Ella quedó muerta al instante. Él fue llevado en estado de coma al hospital y desde allá me llamaron porque le encontraron mi teléfono en México. Salí corriendo a buscar a Cruz Armenta. Me pasó la línea sin cobrarme. Al llegar al hospital el médico me dijo:

—Si se salva, queda paralítico.

—¡Qué horror! —dije, y me volví loca.

Me desperté cuando una enfermera me acariciaba la frente. ¿Y los niños de Roberto, dónde están? ¿Quién los tiene? Los habían dejado con un amigo. Duré varios días en dar con los críos de dos y tres añitos. ¿Y qué hacer con ellos? La mamá muerta, el padre paralítico, y si resistía el golpe volvía no a la vida sino al alcohol. Llamé a mis hijos y les platiqué: "Ahora somos dos más". Ellos aceptaron sin decir ni una palabra; se sabían medio hermanos, dolían al padre. Los adoptamos. Donde hay para uno hay para todos. Pero, ¿cómo sacar a los huérfanos por la frontera sin papeles? Cruz Armenta, dije; y lo llamé por teléfono. Me arregló todo en una hora. Antes de que Roberto volviera del coma, estábamos los cinco reunidos en Monterrey.

El problema no terminaba ahí. Como todos los problemas de la vida, venía encadenado a otros. Uno empuja al otro. Uno no resuelve problemas, uno los trasforma en otros y otros y otros. Y así se vive. Luchando.

En México teníamos ya casa, pero no trabajo. En el periódico *El Norte* de Monterrey hay una sección, Bolsa de Trabajo. Busqué ahí. Demandaban "chicas guapas, bien presentadas, responsables, para impulsar nueva línea de cosméticos". Me presenté con las mejores galas, después de una semana de comer sólo ensaladas. Me fui muy bien puesta. Me hicieron un largo examen que iba desde observarme caminar hasta probarme vendiendo cremas reparadoras para la piel. Por fortuna mi piel estaba entera, no tenía huecos, ni impurezas, ni nada que pudiera haber sido una razón para no tenerme en cuenta. Me contrataron condicionalmente. Comencé a impulsar el producto, una crema contra el envejecimiento prematuro. Después, en la cárcel, me reía de la pretensión de vender juventud envasada en frascos.

Él se fue reponiendo, pero al quedar inválido, me correspondió la obligación de traerlo y no dejarlo morir en tierra ajena. Cruz Armenta volvió a ser el amigo que tenía la solución y los medios. Me lo puso en casa. De allá para acá no es difícil el paso, nadie pide identificación, lo difícil era el transporte de un cuerpo paralizado.

En Monterrey el trabajo con Roberto era diario: había que ayudarle a hacer ejercicios tres veces al día con tensores de látex y resortes. La lesión había sido peligrosísima pero no completa; la vértebra afectada se rompió, pero no se estalló. De suerte que, con paciencia y aplicación, él podía recuperar el movimiento e inclusive volver a caminar. Por el otro lado, la venta de esos frascos llenos de mentiras se hacía difícil. Las mujeres pobres no tenían con qué comprar esas cremas, no tenían interés de recuperar la lozanía del cutis, sólo necesitaban trabajar para vivir. Las ricas, que tenían con qué comprar y tiempo para usarlas, preferían cosas más finas, de marca reconocida. Mi rendimiento era muy bajo. Me sentía engañando a la gente, porque yo había visto cómo se hacían esas cremas: con lanolina, aceite de almendras, emulsionantes y otros menjurjes. En la cárcel descubrí por qué había buscado el camino para volver al otro lado: tenía razones para engañar a mis paisanos que trabajaban y gastaban en Estados Unidos. Los que enviaban dinero para sus familias y sus queridas, no gastaban allá, todo traían. En cambio, los que allá gastaban, o ganaban mucho o no eran buenos patriotas y en cualquiera de los dos casos, se podían traicionar vendiéndoles mis cremas para recuperar la piel golpeada por el tiempo. Cuando lo decidí en Monterrey no fue porque yo tuviera clara la razón; era más bien una reacción, quizás una intuición. De todas formas, como empujada por un espíritu clarividente, regresé sola a Laredo y abrí allí mis negocios. Los muchachos propios estaban ya responsables, los entenados ya sabían moverse y los grandes los cuidaban. Él estaba aún paralizado en una silla.

IV

EN LAREDO COMENZÓ OTRA ETAPA DE MI VIDA. La empresa que me daba la licencia de vender sólo la tenía para México, de tal manera que yo vendía de contrabando. Mi mercado eran las jovencitas sin obligaciones y con ganas de casarse con gringos para poder obtener la ciudadanía. Se vestían como a ellos les gustaban las mujeres, se gastaban los ahorros en cirugías y en ropa. Y en cremas, decía yo. Yo les hacía demostraciones y lo que no veían renacer en sus caritas pintadas, se los inventaba yo con unas pláticas, con una palabra que para mí era desconocida, pero que me salía como dictada por San Miguel o por el demonio. Me creían y por el canal que yo abría, iba metiendo cremas y cremas. Parecía más una maga que una comerciante, aunque creo que en el fondo es la misma cosa. Pasaba cuatro semanas en Laredo y una en Monterrey;

regresaba a México para llevar la mercancía. Cruz Armenta era mi cómplice. Él me ayudaba por ser mi amigo, nada más. No tenía ningún otro interés. Conocía todos los caminos y sabía cuánto valía cada agente de aduanas.

Todo marchaba bien. O mejor, muy bien. Yo sostenía a mis hijos y a los de él, a él y a mí. Pero como me pagaban bien y yo traducía esa lana a pesos mexicanos, me iba mucho mejor. Los aduaneros me conocían y nunca llegaron a molestarme.

Roberto se hacía el paralítico, como vine a descubrir yo en la cárcel. No que estuviera sano, pero él salía a la calle, hablaba con sus amigos y socios y como sabía que yo era una mujer derecha, abusaba de mi ausencia. Lo descubrí porque una compañera de su *pana*, me lo contó con todos los detalles. Le gustaba el juego, y todas las tardes se iba a tomar sus tequilas y a jugar mi dinero. A veces ganaba y a veces perdía, pero a la larga compensaban sus ganancias y sus pérdidas. Lo fueron midiendo poco a poco, con paciencia y cautela lo fueron estudiando los tahúres: qué bienes tenía, en qué trabajaba yo, cuántos eran sus ingresos. Y un día que regresé yo a Monterrey, una tarde de un martes, nos notificaron que los nuevos dueños se pasarían en unos días.

—¿Nuevos dueños? —pregunté, creyendo al notificador equivocado.

—Sí —respondió—. Este inmueble es de la familia Acosta González. Su marido lo empeñó y lo perdió todo. Es la ley.

Él se hizo el muerto y no volvió a platicar. No quiso abrir la boca. Yo enloquecía. Le daba golpes, le gritaba, lo llegué a tumbar de la silla y ahí lo dejé encerrado en su alcoba hasta el día siguiente. Tuvimos que salir de la casa y rentar un apartamento de dos alcobas: en una él con sus hijos, en la otra yo con los míos. Yo odiaba a muerte todo lo que fuera de él, pero las criaturas no tenían la culpa del alcoholismo de su padre. Llegué a pensar en dejarlo sin amparo y abandonado a su miserable suerte. Fueron los ojos de esas criaturas los que me impidieron cometer un crimen.

Yo quería dar a mis hijos ejemplo de superación, quería que todos crecieran admirándome para que no se desviaran del camino recto. Siempre que podía estaba con ellos a la hora de la comida. Rezábamos y bendecíamos los alimentos, luego hablábamos de nuestras cosas, los pequeños tropiezos que a los muchachos y a los niños se les atraviesan en la vida. Juntos buscábamos soluciones y juntos las llevábamos a cabo. Él seguía haciéndose el paralítico. Lo tratábamos como a un mueble después de habernos hecho perder los ahorros, el trabajo que había yo metido en la casa. Era un castigo muy duro, y aunque ninguno sabía si buscábamos vengarnos o enderezarlo, todos de común acuerdo lo castigábamos con silencio.

Como nos habíamos achicado y gastábamos poco, mis entradas podían pagar la renta del apartamento, los servicios, los impuestos, la escuela de los muchachos, el transporte y sobre todo lo que ellos exigían como ropa, diversiones y comida. No obstante, los jóvenes —desde los tres años— se convierten en máquinas de consumir. Los usan las grandes empresas de comercio como una palanca para sacarle a uno el dinero. No eran bluyines lo que tenía que comprarles, tanto a los mayores como a los menores; eran *Diesel*; no eran tenis, eran *Adidas*; no eran camisetas corrientes, eran *Champion*. No les gustaban los tacos nuestros sino las hamburguesas; no les gustaba la birria sino la pizza. Y las diversiones: no querían ir a las playas de Tijuana, sino a Cosumel o a la de Venice en Los Ángeles. Las presiones de mis hijos y mi gana por darles gusto, mi esperanza de que crecieran en un hogar sano en que nada les faltara, criaron el diablo. Es la deuda de seis años y ocho meses que el desalmado tiene conmigo.

V

Estaba yo dictando una conferencia en San Diego. Ese mes andaba muy alcanzada. Ya había recibido mi parte y todavía tenía pagos que hacer. La tenaza de siempre, pero esa vez era muy grande. Tenía que pagar las matriculas de los dos mayores, que querían estudiar en Estados Unidos, y para mí era imposible conseguir ese dinero.

—Nada hay imposible —me dijo doña Mary cuando le conté mi situación—. Yo voy a retirarme y dejaré esto en sus manos. Usted es la única persona en el mundo que me da garantías, porque es una doña trabajadora y honrada que se ha levantado del suelo varias veces.

Yo me quedé muda de la felicidad. Nunca había aspirado a tanto por tan poco, porque yo era simplemente cumplida. Ya veía a mis hijos con birrete el día de su grado.

Comenzamos a trabajar juntas un par de meses mientras yo asimilaba todo el mecanismo del negocio, que iba desde fabricar las cremas y pasarlas por la aduana, hasta recibir los verdes y llevárselos a su casa en Monterrey. Era arriesgado, pero quien tenía que morder, mordía bien. El negocio andaba. Pudimos conseguir otro apartamento más grande y enviar a los muchachos a estudiar donde querían: San Antonio, Texas. Los gastos eran muchos, y entre más ganaba más necesitaba y así se me abrieron las agallas.

Un día me dijo un hijo que quería que le ayudara a cruzar la frontera a un tío llamado Oscar, hermano de Roberto. Tenía cáncer y quería que se lo trataran en Estados Unidos. Busqué a Cruz Armenta, pero no puede encontrarlo y entonces hablé con cuidado con mi aduanero de confianza, el chicano que todo lo tejía y que me dijo que claro, que todo se podía hacer en esta vida.

Oyéndolo hablar fue que pensé en la droga, mejor dicho, que entre las cremas podía pasar gente y además cocaína. Tenía lo más importante, que era el puente, así que como ganas no me faltaban, comencé a tentar al maligno. Pasé al pariente, pero lo pasé por Juárez, donde mi aduanero tenía abierto el camino. Era una vuelta más larga, pero más segura. Él me aclaró que no se podían sumar peras con cocodrilos y que cada necesidad tiene su puerta. Fui a Juárez y el amigo me dio todas las garantías no sólo para pasar a mi pariente sino a quien yo quisiera y por el medio que yo eligiera, siempre y cuando fuera por Juárez.

El aduanero trabajaba con una mujer. Me la presentó y me dijo que todo lo que tuviera que ver con el asunto, lo tratara con ella. Fuimos a comer solas en un gran restaurante de Ciudad Juárez. Ella me explicó bien todo el rodaje y me nombró su agente. Fue corta la colaboración, pero mucho el dinero que recogíamos.

El primer transporte en que yo estuve fue el de una familia salvadoreña. Era rica. La contactamos en la capital, San Salvador, la trajimos por avión a Juárez y la pasamos por la aduana como si estuvieran pasando de Sonora a Chihuahua. Eran cinco personas y ganábamos mil dólares por unidad, como decía mi socia: trescientos para mí, setecientos para ella. Traerlos del aeropuerto, vigilar su paso por el carril número nueve y cobrar al otro lado era una sola operación: mil quinientos dólares. Al aduanero se le pagan doscientos por paso. Y eso lo podía hacer todos los días. Era un buen negocio. Limpio y sano. El dinero no es Dios, pero hace milagros. No es pecado de ningún tipo ayudar a los más desvalidos. Hacíamos el papel de San Cristóbal con el Niño Dios: pasar el río sin mojarlo. Eso de las espaldas mojadas quedaba para los cuentos de la prensa.

Eran muchos los que pasábamos cada semana. Gentes de toda parte. Del sur de México, de Chiapas, de Yucatán, de mi tierra

Campeche, de Veracruz, de Guerrero, de Guadalajara —¡bendita tierra!—, del mismo Distrito Federal. Había dos clases de viajeros: a unos los pasábamos en avión de lado a lado, y a otros a pie por el control de aduana entre Juárez y El Paso. La mayoría de las veces me depositaban la mitad del dinero en el Distrito Federal. Y el negocio se basaba en la absoluta confianza. Cuando me consignaban, los llamaba por teléfono para averiguar sus datos personales: vestido, cabello, ojos, zapatos, maleta, número de vuelo; toda la información para identificarlo. Yo misma recogía al cliente en el aeropuerto y le preguntaba:

—¿Y la otra mitad?

Quien no tuviera, se dejaba ahí mismo junto a los aviones. El que acabara de pagar: ¡a volar! En mi propio coche lo transportaba a la Casa Grande, una casa vieja que había sido de los nobles de Ciudad Juárez. Allí el cliente encontraba cama, baño, comida, televisión y seguridad. A mí me gustaba dejarlo en observación unos tres días. Había trabajadores míos que pasaban por clientes sólo para estudiar el comportamiento del tipo o tipa. Porque había de toda región, ricos y pobres, completos y minusválidos, familias enteras: papá, mamá, pie y sofá. Les confiscaba los papeles verdaderos, los fotografiaba y los disfrazaba, según su comportamiento y según su pinta, en un empresario elegante, en un sacerdote, en un oficial de la Army, en una puta, en un deportista, en un torero. En fin, en la Casa Grande yo transformaba al cliente y le daba su nueva identidad para pasar la barra. Yo sabía que mis aduaneros iban a estar, digamos, en las filas cinco, nueve y once. Bueno, por ahí tenían que pasar. Al aduanero le decía: "Un tipo de cuarenta y cinco años, con un abrigo gris ratón y una cachucha azul oscura, a las tres de la tarde". Pasaba si no se quitaba la cachucha azul oscura y el abrigo gris ratón. Hubo un caso en que por los nervios, a un paisano de Chiapas se le perdió o refundió la cachucha. Pues no coló. Llamé al aduanero.

—¿Pos qué pasó?

—Que se quitó la gorra.

Volvimos. Le eché pegante a la gorra. Entró. Hubo muchos, muchos casos. En El Paso yo también los recibía, los ponía en el respectivo camión, o avión, según para donde fueran: Denver, Dallas, San Diego. Para donde quisieran ir. Eso ya iba en su gusto. Yo les devolvía sus papeles ordinarios, y los despedía con una comidita en algún restaurante.

Cuando yo estaba bien entrenada, la doña me dijo:

—Esto queda en sus manos. Usted sabe bien el oficio. Me abona a mi cuenta el treinta por ciento de su propio trabajo. Confío en usted.

Así quedamos. Yo sabía que ella llevaba la contabilidad por medio de sus agentes de aduana; no era fácil para mí engañarla. Le abonaba sagradamente su treinta por ciento. Ella se retiró a vivir como una emperatriz en Cancún y yo le remitía sus ganancias. Y como tanto hueso da para mucho caldo, me propuse ampliar el negocio.

Había clientes que venían de Centroamérica e inclusive de Suramérica. Planeé ir abriendo poco a poco casas pequeñas que funcionaran como la grande en Juárez, pero en ciudades capitales. Abrí la primera en Ciudad de Guatemala; pero después fue el rosario completo: San Salvador, San José de Costa Rica, Managua, Bogotá, Lima, Sao Paolo, Buenos Aires.

Mejor cobrar más y extender la red a toda América Latina, ya que toda esa gente, ese continente, tiene el mismo problema y el mismo destino: colarse al terreno de sus enemigos para vivir de ellos, en vez de que ellos vivan de nosotros. Establecí poco a poco viajes integrales. Tenía agentes vendedores del "paquete turístico" en toda Centroamérica, con sede en San José de Costa Rica. Llevaba a los viajeros a esta capital y de allí los remesaba por tierra o por aire a Juárez, y luego, de El Paso City a donde quisieran ir, por avión, tren o camión.

Después Bogotá, Lima, Sao Paolo y Buenos Aires se volvieron mis centros en Latinoamérica. Una vez hecho el trato, llevábamos al viajero a las Casas Grandes, o de concentración, en cada ciudad, y allí los teníamos las veinticuatro o las treinta y seis horas hasta recibir la luz verde de mis trabajadores en Juárez. Yo seguía, para tapar mi actividad, con el comercio de las cremas y con la demostración de su aplicación. Llevaba mi comparsa de mujeres feas para transformar a las clientas que quisieran una cara más bonita a cada una de las sucursales de Mary Care. Era la gran tapa para poder trabajar. Y todo andaba a las mil maravillas. Pasábamos gente común y corriente, pero también empresarios sin visa, militares caídos en desgracia, curas tramposos, niñas voladas de la casa o monjas del convento. A todo el que quisiera volar le prestábamos las alas. No sólo teníamos casa, sino coches, choferes, cocineros, ayudantes, auxiliares. Los verdes lo hacen todo. El negocio parecía regado con agüita de julio. El secreto, como en los buenos restaurantes, consistía en que era atendido por su propia propietaria, es decir, por mí, a quien desde esos días me conocen con el nombre de La Doña.

El dinero me comenzó a inundar. Perdí la cuenta de lo que guardaba, pero Roberto no. Mientras yo trabajaba y penaba con cada viaje, él se enamoró de la enfermera que le contraté, y ella lo usaba para sacarle el verde. Él estaba medio paralítico y yo sabía que de su ombligo a su rodilla estaba muerto, aunque las ganas le dieran vueltas por la sangre. Yo lo quería porque era el padre de mis hijos, de mis hijastros, y porque, cuando éramos jóvenes, me dio momentos muy intensos. Un día, en una comida, él me reprochó:

—Usted no sirve ni para hacer un tamal con sus hojas.

Yo sentí la herida y sin contemplaciones lo boté de la casa con su silla y su enfermera. Decidí soltar las amarras y me di en buscar un amor. Pero es tan cierto eso de que amor y mortaja del cielo bajan que, a pesar de mi disposición a dejar entrar a quien me hiciera ojos, nadie golpeó. Nadie. Yo no era fea y tenía apenas cuarenta y cinco años. Pero a los hombres les da miedo una mujer que vaya más adelante que ellos; son como niños, sufren de miedo y sudores. Una por lo menos los calores los acumula para después, pero ellos sufren mucho por pretensiosos y vanidosos. De todas maneras, aunque no encontré el amor, me topé muchas veces en camas ajenas. Él se enfermaba cada día más porque sospechaba que ya me le había salido del chambuque.

Por aquel entonces conocí en Buenos Aires a un argentino que era un artista. Manos delgaditas y largas, pálido, sesenta años, rápido de cabeza. Un seductor con bufanda. Salíamos a tomar vino y una noche me confesó que él tenía una maquinita de hacer billete.

Yo me reí y le respondí:

—Yo otra.

—Sí, pero la mía —se molestó— es de verdad. Mire esto.

Llamó al mesero y pagó con dólares. El mesero trajo las vueltas también en dólares y él me miró:

—Los hago yo. Soy un artista, che, ¿qué creés?

Pusimos la máquina en Cali, Colombia, porque era la ciudad más segura del continente. Allá todo funcionaba con mordidas. Mordían el gobernador, el alcalde, la policía, los jueces, los capitanes, los curas, los ricos, los pobres. El narcotráfico había hecho un gran oficio; todo se trabajaba con vaselina, y como todo el mundo quería entrar, la mordida era barata y segura. De allí salían los verdes calientes a rodar por el mundo. Yo simplemente pensaba que yo no dañaba el país, ni a ese ni a Estados Unidos. Si los grandes gobiernos roban con corbata y portafolio, ¿por qué la gente humilde tiene que respetar las leyes que los ricos no respetan? Dañar a Cali… ¡qué idea! Algunos de los dólares que hacíamos se quedaban allí porque los compraban los narcos para aumentar sus cuentas. Eran billetes ejemplares, dibujados e impresos en billetes de a dólar. También se los vendíamos baratos a los "viajeros" que pasaban por mis casas una vez me hubieran pagado. Los ingresaban a Estados Unidos y allá, a pesar de todo, hay menos vigilancia sobre falsificación porque todos confían en todos. Por lo menos era así hasta el *nueve once*. No me enamoré del che, pero era un artista.

Y sin embargo, como en las películas gringas, el FBI me cayó un día a Dallas con todo filmado: argentino, máquina, casa de Cali. Todo lo tenían. Yo traté de sobornar a los agentes con ciento cincuenta mil dólares que tenía guardados entre una caja, pero la suerte quiso que esta vez no me aceptaran la mordida y que yo cayera presa.

VI

EN LA CÁRCEL ME DEDIQUÉ, pasado ya el susto, a la administración de mi pequeño imperio. En las cárceles todo el mundo sabe comer y muchos muerden barato, pero la cárcel es un lugar de pasada. Allá lo que sobra es tiempo y uno lo puede utilizar soñando como pendejo o pensando en los negocios. Me di cuenta de que lo seguro es no diversificarse sino hacer lo del zapatero: sólo a tus zapatos. Y segundo, que pasar volando era menos riesgoso que pasar a pie, así como es más riesgoso pasar nadando por el río Grande o por el mar de Tijuana que pasar por la aduana. Que pasen sólo los que tienen ahorrado es injusto, pero es una prueba de que son gentes trabajadoras o por lo menos hábiles. La caridad es peligrosa y es, además, pésimo negocio. Quien puede pagar los cinco mil dólares, llega al Norte a recuperarlos, y por eso se me alumbró la imaginación y di en juntarme con otros coyotes de mi tamaño para crear un cartel, llamémoslo así, que hiciera las operaciones de manera impecable: todo pago, pero por avión.

Los pasajeros salían de las capitales en línea comercial y en Juárez abordaban un charter nuestro a Dallas, donde la aduana era más blanda y negociable que en El Paso. En los negocios todos quieren estar con los buenos, y los buenos son los que han demostrado serlo haciendo dinero. A uno se le prenden todos porque saben que el árbol grande da buena sombra. Había que cambiar la forma de trabajar. Eso de yo coyote, tú coyote, él coyote, no es práctico.

—Hagamos —les dije— un nosotros coyote.

Y así comenzamos a montar nuestro imperio. Los chárteres salían hasta dos veces diarias, pasábamos a los pasajeros por las filas que teníamos arregladas. Entraba un chorro de ilegales a trabajar, y un chorro de lana a nuestras cajas. Alguien propuso hacer el viaje completo: hacia el otro lado, trabajadores; hacia el mundo nuestro, dólares negros. Yo me planté: no mezclar manzanas con cocodrilos. El que quiera diversificarse, sale del cartel.

Un día me llegó una carta de mi hija con la noticia de que su padre había muerto. Me paralicé, lloré una semana. No me dieron licencia para verlo bajar a los infiernos. Yo quería acompañarlo en ese pasaje porque lo había amado. No pude. Le escribí poemas de amor desde la cárcel y los reuní en un libro que pensaba llamar

Una colección de quejas y de confesiones. Esas plantas se dan siempre juntas. Había muerto de un virus que vive en la carne de chancho y que le hizo nido y nudo en el cerebro y lo mató. Y cuando mis hijos me fueron a consolar, trajeron la buena nueva de que el juez había aceptado recibir la fianza y que me preparara para salir.

A los tres meses estaban contando los billetes en el juzgado. Salí con mucho ánimo porque el negocio iba mejor que nunca. Estaba comenzando a vivir de nuevo cuando una tarde se presentó una tal Nancy, licenciada en derecho, a "finiquitar legalmente la sucesión de Roberto García González, quien fuera protector de doña Eufemia Buenahora, enfermera licenciada, a quien el difunto testó en su beneficio".

Un problema grande. Miles de dólares me costó anular el regalo firmado que me dejó él, como una muestra de odio y desprecio eternos. También lo perdoné, porque con ira y amargura, los negocios no prosperan. Rumiar rencores envenena y ensucia la mente.